TWO WAYS

DE DOS MANERAS

NATALIA RICE

Editorial Metamorfosis

Autor: Natalia Rice
Diseño y Maquetación: David Román

© 2024 Natalia Rice
© 2024 Editorial Metamorfosis

ISBN: 978-84-129144-8-1

A mis padres: tuve la suerte de tener-
los a ellos. Y tuve la suerte, por ello, de
crecer sabiendo los dos idiomas.

INTRODUCCIÓN

Este libro empezó siendo un blog en el que combinar las cosas que más me gustan: el Inglés, escribir y traducir.

El libro no tiene una trama como una novela: son frases hechas que se dicen tanto en inglés como en español, pero su traducción no es literal, ¡si no todo lo contrario!

Cada frase tiene un pequeño relato que ayuda a entender la frase, por supuesto en los dos idiomas.

ESTAR EN MISA Y REPICANDO

Aprovecho que hoy es el cumpleaños de una prima mía... ¿Y qué tiene que ver con estar en misa? - pensarás.

Ante todo, ¡Feliz Cumpleaños, Carmen!

Estoy segura de que a Carmen le gustaría estar en, por lo menos, tres sitios distintos hoy: por lo que sé, en Conil, en Sevilla y en San Fernando.

Pero, Carmen, ¡no se puede estar en misa y repicando!

¡Pasa un día muy feliz!

TO HAVE ONE'S CAKE AND EAT IT TOO

I'm making use of a cousin of mine's birthday...

First of all, Happy Birthday, Carmen!

I'm sure that Carmen would like to be in, at least, three different places today: as far as I know, in Conil, in Sevilla and in San Fernando.

But, Carmen, you can't have your cake and eat it too!

Have a very happy day!

FLECHAZO

Cuando me quise dar cuenta, había estado allí ya cinco días. Conocía bastante bien las calles del centro, y también algunas de los alrededores de los parques principales.

No me atrevía a irme muy lejos, a pesar de que siempre llevaba el callejero y el teléfono móvil encendido y con el GPS.

Pero ese día, recuerdo que era sábado, había mucha gente por todos lados; yo creo que debía haber alguna fiesta de algún tipo. Bueno, me atreví a alejarme un poco más; creo que me llevaba un poco la corriente... Una calle, un café, una tienda, otra calle, un parque...

¡Y entonces te ví! ¡Estabas tan solo y desamparado! Te cogí en brazos con cuidado, porque no sabía si estabas enfermo o tenías algo roto. Te dí agua, y fuimos a comprarte algo de comer. Cuando te recuperaste un poco, me miraste a los ojos, y ¡fué un flechazo!

Desde ese día duermes a los pies de mi cama y pronto tendrás cachorritos a los que podré cuidar igual que hice contigo. ¡Gracias, pequeña France, por enseñarme París con otros ojos!

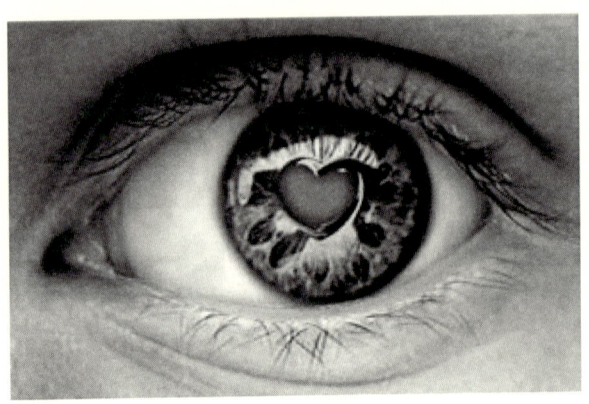

LOVE AT FIRST SIGHT

When I came to realize it, I had already been there for five days. I knew the downtown streets quite well, and also some around the main parks.

I didn't dare go very far, even though I always had on me my street map and cell phone on and with its GPS.

But that day, I remember it was Saturday, there were a lot of people everywhere; I think there must have been some sort of festival. Well, I dared to go a bit further; I think I was being dragged with the flow... A street, a cafeteria, a shop, another street, a park...

And then I saw you! You were so alone and helpless! I picked you up carefully, because I didn't know if you were sick or if any of your bones were broken. I gave you some water, and then we went to get you something to eat. When you recovered a bit, you looked into my eyes, and it was love at first sight!

Since that day you sleep at the foot of my bed and you'll soon have puppies that I will be able to take care of like I did with you. Thank-you, little France, for showing me Paris with other eyes!

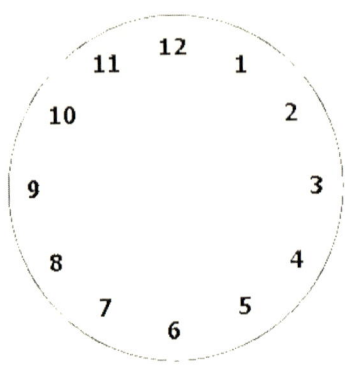

MÁS VALE TARDE QUE NUNCA

Esa mañana me levanté con la sensación de que se me olvidaba algo. Me duché, desayuné y me fuí a trabajar.

Nada más llegar al trabajo, mi jefe me inundó de papeles, y se me pasó la mañana volando. Tuve, entre papel y papel, alguna llamada que otra; también hubo alguna visita de algún cliente. Por supuesto, no podía faltar el café de las diez, donde estuve hablando de trivialidades con mis compañeros de trabajo.

Cuando miré el reloj eran las tres menos cuarto. ¡Qué poco faltaba para salir e irme a casa! Por el camino, pararía en el supermercado a comprar algo para calentarme en el micro-ondas, ya que el día anterior no había tenido ganas de hacer nada de comer. Me apetecía lasaña.

Dieron las tres en el reloj de la oficina, y otra vez me asaltó la sensación de que se me olvidaba algo... Me empezaba a preocupar.

Llegué a casa y, después de comer, me tumbé un rato en el sofá: ¡estaba reventado! Me debí de quedar dormido, pero no fué mucho rato, porque cuando me desperté aun estaba el programa que había estado viendo.

Sobre las ocho y media salí a tomarme unas cervezas con mis amigos, y de paso, cenamos algo. Llegué a casa a las once y media, me puse el pijama y me metí en la cama. Me quedé dormido en seguida.

Me desperté sobresaltado a las dos de la mañana: ¡ya me acordaba! ¡El tiquet del coche! Bajé en pijama y cuando llegué al coche aun no lo habían multado. ¡Buf! Puse el tiquet nuevo en el coche.

¡Más vale tarde que nunca!

BETTER LATE THAN NEVER

That morning I got up with the feeling that I was forgetting something. I took a shower, had breakfast and went to work.

As soon as I got to work, my boss flooded me with papers, and the morning flew by. I had, between papers, some call or other; there was also some client's visit. Of course, I couldn't skip ten o'clock coffee, where I chit-chatted with my fellow workers.

When I looked at my watch it was a quarter to three. Not too long before I left to go home! On my way, I would stop at the supermarket to buy something to warm up in the microwave, since the day before I hadn't felt like cooking. I felt like some lasagna.

The office clock struck three, and I had the feeling again that I was forgetting something... I was starting to worry.

I got home and, after lunch, I laid down for a while on the couch: I was pooped! I must have fallen asleep, but not for long, because when I woke up, the show I had been watching was still on.

At about eight thirty I went out to have some beers with my friends, and while we were at it, we had some supper. I got home at half past eleven, put my pyjamas on and got into bed. I fell asleep right away.

I woke up with a jump at two in the morning: I remebered now! My parking receipt! I went down in my pyjamas and when I got to the car it still didn't have a fine. Phew! I got the new receipt and put it in the car.

Better late than never!

SIN PENSARLO

Ayer fue el cumpleaños de mi hija. Desde el momento en que me desperté, antes de las siete, todos mis pensamientos eran por y para ella. Recuerdo que el día que nació estaba lloviendo; ayer también.

Por la mañana, me dediqué a comprar todo lo que hacía falta para su "fiestecita": los ingredientes para hacer el bizcocho, las velas, la bandeja para ponerlo, las bebidas.

Su regalo ya lo tenía.

Después de comer, me puse a hacerle el bizcocho, porque la verdad es que el que ella quería es el más laborioso: TODO chocolate, el bizcocho, la cobertura... Como me sobraba mezcla del bizcocho, también hice magdalenas. ¡Menos mal, porque el bizcocho no se enfrió a tiempo para comerlo!

La verdad es que solo íbamos a estar ella, su novio, su hermano y yo. Pero, sin pensarlo, llamé a su amiga María y le dije que viniese con su novio, Alonso.

¡Mi hija se llevó una gran y grata sorpresa de cumpleaños!

ON THE SPUR OF THE MOMENT

Yesterday it was my daughter's birthday. From the moment I woke up, before seven o'clock, all my thoughts were because of and for her. I remember the day she was born it was raining; yesterday it was too.

I took the morning to buy everything needed for her "little party"; ingredients for the cake, candles, the tray to put it on, drinks.

I already had her present.

After lunch, I started making the cake, because the truth is that the one she wanted is the most arduous: it's ALL made of chocolate, the cake, the frosting... Since I had batter left over, I also baked some cupcakes. It's a good thing, because the cake didn't cool down in time to eat it!

The truth is that it was only going to be her, her boyfriend, her brother and I. But, on the spur of the moment, I rang her friend María and told her to come with her boyfriend, Alonso.

It was a great good birthday surprise for my daughter!

LLOVIENDO A MARES

Había amanecido un día espléndido, por lo que decidió quedarse en el jardín, arrreglando las flores.

En uno de los parterres vio que había un agujero, y metió la mano. Había una nota que le mandaba a otro de los parterres, en el que estaban plantadas las rosas.

Se fue al otro parterre y en una de las rosas encontró otra nota que le mandaba dentro.

Siempre fue un misterio para ella quién le había dejado las notas, porque, nada más pisar la cocina, ¡empezó a llover a mares!

RAINING CATS AND DOGS

It had dawned a splendid day, so she decided to stay in the garden, fixing the flowers.

In one of the flower beds she saw there was a hole, and stuck her hand in. There was a note that sent her to another flower bed, where the roses were planted.

She went to the other flower bed and she found another note on one of the roses that sent her inside.

It would always be a mystery for her who had left her the notes, because, as soon as she got in the kitchen, it started raining cats and dogs!

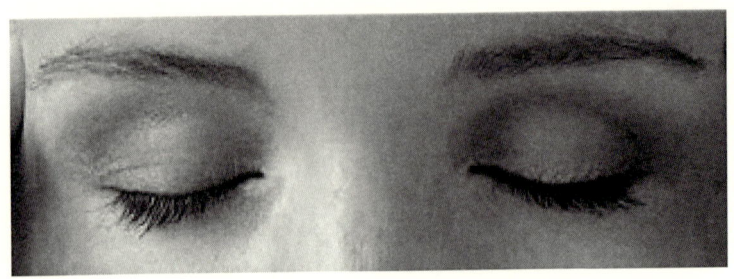

OJOS QUE NO VEN,
CORAZÓN QUE NO SIENTE

Era una obsesión que estaba arruinando mi vida. Lo único que hacía todo el día era pensar en cómo ponerle las manos encima.

Me levantaba por la mañana y después de lavarme los dientes, iba del tirón a la cocina, me ponía una taza de café y pensaba en él.

"¡Es muy temprano!", pensaba siempre, "esperaré hasta después de comer..."

Iba al gimnasio, hacía mis compras, cocinaba... ¡Se acercaba la hora!

Llegabas sobre las dos y media y comíamos. Recogía rápido la cocina, para poderme ir contigo... Ya en el sofá los dos, abría la caja y cogíamos cada uno un bombón.

Yo siempre quería más. Y tú siempre te llevabas la caja y la escondías diciéndome: "¡Ojos que no ven, corazón que no siente!" Menos mal, porque si tuviera la caja a mano, ¡me la comía entera!

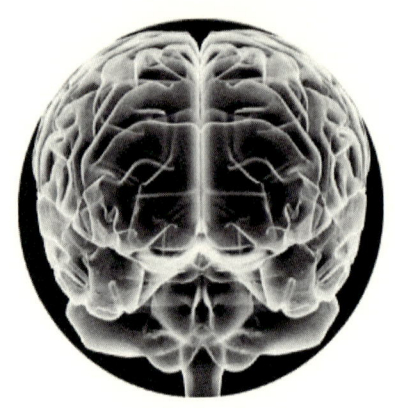

OUT OF SIGHT, OUT OF MIND

It was an obsession that was ruining my life. All I did all day long was to think of how to get my hands on it.

I would get up in the morning and after brushing my teeth, I would go straight to the kitchen, pour myself a cup of coffee and think about it.

"It's very early!", I would always think, "I'll wait until after lunch..."

I would go to the gym, do my shopping, cook... The time was getting near!

You got home around half past two and we would eat. I would quickly pick up the kitchen so as to go with you... Both of us on the couch, I would open the box and each of us would take a piece of chocolate.

I always wanted more. And you always took the box away and hid it saying: "Out of sight, out of mind!" It's a good thing, because if I had the box at hand, I would eat it whole!

MÁS VALE PREVENIR QUE CURAR

Cuando era pequeña, quería ser bailarina. Mis padres me llevaban a clase de ballet y me encantaba.

Pero a medida que iba creciendo, en vez de bailar mejor, bailaba peor. Y no me podía estirar como era debido.

Me llevaron al médico y me dijo que tenía que dejar de bailar, porque si seguía, me podía hacer daño en los músculos.

Así que paré de bailar con gran pena... Pero, ¡más vale prevenir que curar!

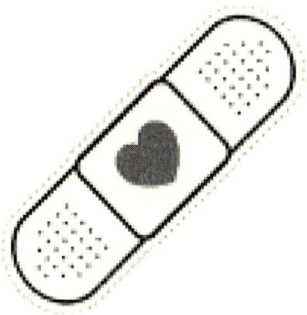

BETTER SAFE THAN SORRY

When I was a little girl, I wanted to be a ballerina. My parents took me to ballet lessons and I loved it.

But as I grew, instead of dancing better, I got worse. And I couldn't stretch like I should have.

I was taken to the doctor's and he told me I had to stop dancing, because if I continued, I could hurt my muscles.

So, with great sorrow, I quit dancing... But, better safe than sorry!

COMO DOS GOTAS DE AGUA

Mi mejor amiga se fue a vivir a la otra punta del país cuando teníamos quince años. A pesar de ello, seguíamos manteniendo el contacto: nos escribíamos regularmente (en papel, ¡nada de internet!), nos hablábamos por teléfono por lo menos una vez al mes, y, cuando había vacaciones y podíamos, nos veíamos en persona.

Cuando se casó, por supuesto fuí su dama de honor, y estuve una semana antes en su casa, preparándolo todo para el gran día.

Entonces, después de tres años, se quedó embarazada. En cuanto pude, fuí a verla, porque estaba un poco nerviosa. Yo sabía que con mi compañía se tranquilizaría. Pero la verdad es que me costó tranquilizarla porque el motivo de sus nervios no era otro sino ¡que iba a tener gemelos!

Efectivamente, cuando pasaron los nueve meses, ¡tuvo dos preciosas niñas que eran como dos gotas de agua!

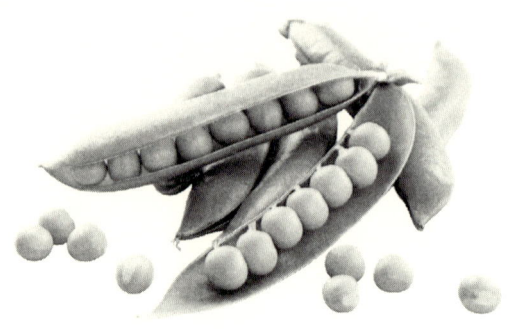

LIKE TWO PEAS IN A POD

My best friend went to live to the other side of the country when we were fifteen years old. In spite of that, we still kept in touch: we wrote to each other regularly (paper, not internet!), we spoke on the phone at least once a month, and when there were holidays and we could, we would meet up.

When she got married, no need saying I was her maid of honor, and I was at her place a week before, getting everything ready for the big day.

Then, after three years, she got pregnant. As soon as I could, I went to see her, because she was a bit nervous. I knew that my company would calm her down. But the truth is that it took me because the reason for her nervousness was no other that she was going to have twins!

Indeed, after nine months, she had two beautiful girls that were like two peas in a pod!

CONFORMARSE

Cuando nos vinimos a vivir a esta casa, todavía tenía todos sus muebles. No nos gustaban mucho, pero como no teníamos dinero, nos teníamos que conformar con lo que había.

Conforme pasaban los años y nos íbamos estabilizando, cambiamos los muebles poco a poco: primero, la cama (¡crujía tanto!); después, el sofá (había que sentarse estratégicamente por los muelles); el armario del dormitorio; las alacenas de la cocina...

En fin, tardamos diez años, pero hoy en día ¡tenemos la casa más bonita que hay!

MAKE DUE WITH

When we came to live to this house, it still had all its furniture. We didn't like it very much, but since we didn't have any money, we had to make due with what there was.

As the years went by and we gained in stability, we changed the furniture piece by piece: first, the bed (it creaked so much!); then, the couch (you had to sit strategically because of the springs); the bedroom closet; the kitchen cupboards...

In short, it took us ten years, but nowadays we have the most beautiful house there is!

DEL TIEMPO DE MARICASTAÑA

En mi familia hubo un tiempo que había cuatro generaciones: mi abuela, mi madre, yo y mi hija.

Llegó el día en que pasó lo que tenía que pasar, y falleció mi abuela.

A cada una de nosotras nos dejó algo, pero, claro, mi hija era tan pequeña que su regalo lo guardé yo para dárselo en un futuro.

Cuando ya era más mayor, tenía quince años, pensé que era un buen momento para dárselo. Ni siquiera había abierto la caja, con lo cual no sabía qué había dentro.

Lo abrió y resultó ser un reloj que había pertenecido a su abuela, vamos, ¡del tiempo de Maricastaña! Pero, increíblemente, ¡seguía funcionando! Se lo puso en seguida, y no se lo ha quitado desde entonces, ¡hace ya veinte años!

AS OLD AS THE HILLS

In my family there was a time that there were four generations: my grandmother, my mother, myself and my daughter.

There came the day when what had to happen, happened, and my grandmother passed away.

She left something for each of us, but, of course, my daughter was so small that I kept her present to give it to her in the future.

When she was older, she was fifteen, I thought it was a good moment to give it to her. I hadn't even opened the box, so I didn't know what was inside.

She opened it and it happened to be a watch that had belonged to her grandmother, well, older than the hills! But, incredibly, it still worked! She put it on straight away, and she hasn't taken it off since, twenty years already!

PUEDE QUE SI, PUEDE QUE NO

Durante todo ese año, trabajé duro para conseguir lo que quería. Tuve que hacer muchos viajes por todo el país, lo cual significaba alejarme bastantes veces de mi familia. Pero siendo una chica soltera, ¡tampoco me causaba demasiado trauma!

El primer viaje fue a un pueblecito de no más de doscientas casas. Todo era muy rústico y básico: si quería algo, tenía que desplazarme 30 km. hasta la ciudad más cercana. ¡Por supuesto, no había cine!

El segundo viaje fue todo lo contrario: ¡a la capital! No había manera de estar en silencio, ni en soledad.

El tercer viaje fue a una isla. Las islas tienen sus ventajas y sus desventajas: la gente es muy abierta y en seguida te dan todo lo que quieres;

por otra parte, al ser isla, está muy limitado en sus recursos.

Probablemente te estés preguntando qué es lo que quería, ¿verdad? Pues estaba buscando la mejor idea de viaje: ¿la gran ciudad, el pueblo remoto, la isla paradisíaca?

A lo mejor, este año, no hago nada, y me quedo en casa. Puede que sí, puede que no...

MAYBE, MAYBE NOT

During all that year, I worked hard to get what I wanted. I had to take a lot of trips around the whole country, which meant getting away from my family quite a bit. But being a single girl, it didn't cause me too much trauma though!

The first trip was to a little town of not more than two hundred houses. It was all very rustic and basic: if I wanted something, I had to drive 30 km. to the nearest city. Of course, there was no cinema!

The second trip was the exact contrary: to the capital! There was no way you could be in silence or alone.

The third trip was to an island. Islands have their pros and their cons: people are very open and they give you all that you want right away; on the other hand, being an island, it is very limited in its resources.

You're probably wondering what it is I wanted, aren't you? Well I was looking for the best trip idea: the big city, the remote town or the paradisiacal island?

Maybe, this year, I won't do anything, and I'll stay at home. Maybe, maybe not...

CUANTOS MÁS, MEJOR

El día parecía que no iba a ir bien: no entraba nadie en el bar.

A media mañana vinieron unas chicas a tomarse algo y comparar notas de estudio. Alguna sacó un portátil, y todas empezaron a opinar. Parecía que estaban haciendo un trabajo. Estuvieron ahí un par de horas.

Mientras tanto, entraba algún cliente habitual, se tomaba un café o un refresco, y se iba.

A la hora de comer, nada de particular.

Pero sobre las cuatro, empezó a entrar gente. Chicos y chicas veinteañeros, parejas jóvenes, algún matrimonio más mayor...

Entró mi chica para ayudarme y al rato me preguntó si quería que usase alguna de nuestras estrategias para que la gente se fuera. Le dije que ni hablar, que ¡cuantos más, mejor!

THE MORE, THE MERRIER

It didn't look as if the day was going to go well: nobody was coming into the bar.

Around mid-morning some girls came to have something to drink and compare study notes. One of them took a laptop out, and all of them started giving their opinion. It looked like they were doing an essay. They were there for a couple of hours.

In the meantime, some regulars would come, have a cup of coffee or a soda, and leave.

Nothing extraordinary at lunchtime.

But at about four o'clock, people started coming in. Twenty-year olds, young couples, some older married couple or other...

My girlfriend came in to help me and a little while after she asked me if I wanted her to use *any of our schemes so people would leave. I said no way, the more the merrier!*

FRESCO COMO UNA LECHUGA

Me sorprendió verte fresco como una lechuga a las ocho de la tarde después del día que habías tenido.

Empezaste muy tranquilo, pero ya a las nueve te fuiste a correr un poco. En el parque donde corres, te paraste en los aparatos que hay para hacer un poco de gimnasia. De ahí te fuiste al gimnasio (ya eran las once). En el gimnasio estuviste un par de horas y te viniste a casa a comer.

Ya era un total de cuatro horas.

Después de comer, descansaste media hora, y te fuiste a montar en bicicleta. Volviste a las dos horas, y, por fin, después de comerte un bocadillo, ¡te sentaste en el sofá!

Pero no duró mucho tu descanso, porque habíamos quedado con unos amigos para tomar unas copas, con lo cual, a las siete te volviste a meter en la ducha para estar listo a las ocho.

Volvimos a las once, y, ¡si! ¡Entonces caíste en la cama como un tronco!

FRESH AS A CUCUMBER

I was surprised to see you were fresh as a cucumber at eight in the evening after the day you had had.

You started out very calm, but already at nine o'clock you went jogging a bit. In the park where you run, you stopped at the gym fixtures there to exercise a little. From there, you went to the gym (it was already eleven). You were at the gym for a couple of hours and came home for lunch.

That was a total of four hours already.

After lunch, you rested for half an hour, and then went bicycling. You came back two hours later, and, finally, after eating a sandwich, you sat down on the couch!

But your rest didn't last for long, because we were meeting up with some friends for some drinks, so, at seven o'clock you got back into the shower so as to be ready at eight.

We got back at eleven, and, yes! Then you fell in bed like a log!

HABLANDO DEL REY DE ROMA...

Cuando mi hijo aún estaba en la cuna, pero ya con un año y pico, cogió la costumbre de tirarse de ella para poder estar con nosotros en el cuarto de estar. ¡Gracias a Dios tenía alfombra debajo por lo que no se hizo muchos chichones!

Una noche, estábamos viendo la tele, y comentamos que hacía días que mi hijo no se tiraba de la cama y que estaba durmiendo toda la noche.

Y, de repente, ¡zas! Oimos un golpe sordo en su cuarto, y ¡hablando del rey de Roma, por la puerta asoma! No podía estar más de dos o tres días sin venir a vernos...

SPEAK OF THE DEVIL

When my son still slept in a crib, but already a year and a bit old, he got into the habit of climbing out so he could be with us in the living room. Thank God he had a rug underneath so he didn't get too many bumps!

One night, we were watching television, and we commented on how it had been some days since my son didn't jump out of bed and that he was sleeping the night through.

And, suddenly, thump! We heard a muffled noise in his bedroom, and, speak of the devil! He couldn't let more than two or three days go by without coming to see us...

POR LAS BUENAS O POR LAS MALAS

Era Navidad y ese año venía mucha gente a comer a casa, porque nos habíamos juntado todas las familias correspondientes a las madres, hermanas, hermanos...

Consecuentemente, cuando nos quisimos dar cuenta, éramos treinta repartidos por las distintas mesas y asientos de la casa.

Pero claro, había que alimentar a los treinta, ¡y no todo podía ser gambas! Así que decidí hacer un pavo. En Nochebuena, me fui al mercado y compré el pavo más grande que tenía mi carnicero: ¡diez kilos! Compré también todos los ingredientes necesarios para rellenarlo, y así habría más para todos.

Llegué a casa y me puse manos a la obra; afortunadamente, el pavo venía desplumado y limpio, pero tenía que picar todo lo que iba dentro. Lo dejé en el último cuarto para meterlo en el horno lo primero a la mañana siguiente.

Me levanté a las ocho el día de Navidad y me dispuse a meter el pavo en el horno cuando, ¡horror! ¡No cabía! Pero tenía que entrar por las buenas o por las malas, así que quité las bandejas de horno, y ya así conseguí que cupiera. ¡Gracias a Dios!

¡Nos comimos un pavo exquisito esa Navidad!

BY HOOK OR BY CROOK

It was Christmas and that year a lot of people were coming home to eat, because we had got together all the families belonging to mothers, sisters, brothers...

As a result, when we came to realize it, there were thirty of us all around the different tables and seats in the house.

But of course, the thirty had to be fed, and not all of it could be shrimp! So I decided to cook a turkey. On Christmas Eve, I went to the market and bought the biggest turkey my butcher had: ten kilograms! I also bought all the ingredients to stuff it, and that way there would be more for everyone.

I got home and got to work; fortunately, the turkey had been plucked and cleaned, but I had to chop all the stuffing. I left it in the back room so as to put it in the oven first thing next morning.

I got up at eight o'clock on Christmas morning and was going to put the turkey in the oven when, egad! It didn't fit! But I had to get it in by hook or by crook, so I took out the oven trays, and then it fit. Thank God!

We ate a magnificent turkey that Christmas!

VÍSTEME DESPACIO QUE TENGO PRISA

Lo teníamos todo planeado: yo me levantaría más temprano para hacer unos bocadillos y preparar la cesta con la comida, bebidas y manta; tú te podías quedar un poco más en la cama, porque ibas a tardar menos en echar gasolina (el coche lo ibas a lavar el día antes).

La noche anterior saqué la ropa de los niños y la puse en la silla. También puse la cesta con algunas de las cosas en la mesa de la cocina.

Me acosté tarde y dormí mal. Se me olvidó poner el despertador. Me despertaron los niños...

Me fui a la cocina, hice la comida a toda prisa y lo metí todo en la cesta. Pero cuando llegamos al parque, ¡Dios mío! ¡Qué desastre! Había hecho todos los bocadillos mal: uno con lechuga que debía de tener queso; otro con mayonesa que debería de haber tenido mostaza; el tercero con jamón que iba con chorizo...

¡Vísteme despacio que tengo prisa!

HASTE MAKES WASTE

We had it all planned: I would get up earlier to make some sandwiches and prepare the basket with the food, drinks and blanket; you could stay in bed a little longer, because it was going to take you less time to buy gas (you were going to wash the car the day before).

The night before, I took out the children's clothes and put them on the chair. I also put the basket with some of the things on the kitchen table.

I went to bed late and slept terribly. I forgot to set the alarm clock. The children woke me up...

I went to the kitchen, quickly prepared the food and put everything in the basket. But when we got to the park, my God! What a mess! I had made all the sandwiches wrong: one with lettuce that was supposed to have cheese; another one with mayonnaise that should have had mustard; the third one with ham that went with chorizo...

Haste makes waste!

CUANDO LAS RANAS CRÍEN PELO

Esa semana nos íbamos de vacaciones. Yo no sabía ni adónde ni a qué, porque le dije que lo planeara todo sin preguntarme.

Me lo había buscado: la primera actividad, después de una lujosa noche de hotel fue tirarnos desde un puente con una gigantesca goma elástica.

¡Cuando las ranas críen pelos me iba yo a tirar!

WHEN PIGS FLY

That week we were going on holiday. I didn't know where or what we were doing, because I told him to plan everything without asking me.

I asked for it: the first activity, after a luxurious hotel night was to jump off a bridge with a gigantic rubber band.

When pigs fly was I going to jump!

DE HIGOS A BREVAS

Cuando éramos pequeños íbamos todos los días. Era nuestro lugar preferido, donde los primos podíamos escondernos y contarnos secretos, donde merendábamos sin importarnos ensuciarnos, donde corríamos sin fin.

Hoy en día veo ese lugar como el Paraíso cuando aún no había entrado el Pecado, cuando todo era limpio.

Me coge muy lejos de casa y ya solo puedo ir de higos a brevas, pero cuando voy, voy sola, para que todos mis secretos sigan guardados y todo el paraíso siga limpio.

ONCE IN A BLUE MOON

When we were little we would go every day. It was our favourite place, where us cousins could hide and tell secrets to each other, where we would have our mid-afternoon snack without minding getting dirty, where we would run on end.

Nowadays I see that place like Paradise when Sin still hadn't got in, when everything was clean.

It's very far from home and now I can only go once in a blue moon, but when I go, I go alone, so that all my secrets are still kept and all the paradise is still clean.

¡COMO UNA CABRA!

Esto no lo saben mis hijos, pero cuando ellos eran pequeños, yo hacía todo tipo de locuras para que se rieran. Con la mayor hacía unas cosas y con el pequeño hacía otras; sobre todo, porque tienen caracteres distintos, y les hace reír cosas distintas.

Lo que sí coincidía con los dos, es que siempre estábamos rodando por el suelo, sobre todo con mi hija, porque yo era más joven. Con mi hijo, cuando le contaba cuentos, normalmente era yo la actriz, y como todos los cuentos eran trágicos, acababa "muerta" en el suelo. (¡Todas las princesas acababan muertas!) Y cuando mi hija, ya un poco más mayor, me veía hacer estas cosas (sin acordarse de cuando ella era pequeña), siempre me decía: "Mamá, ¡estás como una cabra!"

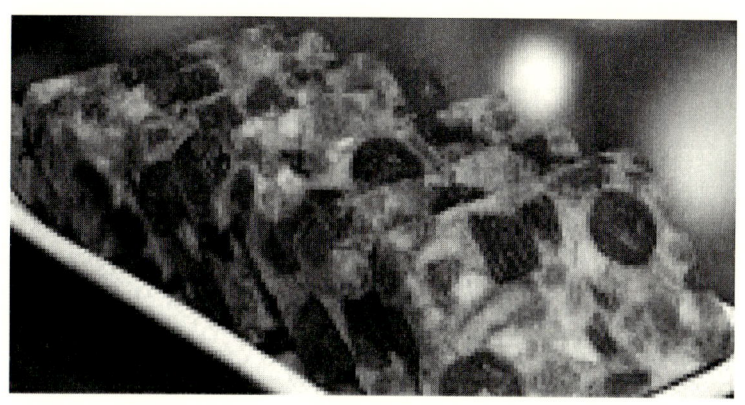

NUTTIER THAN A FRUITCAKE

My children don't know this, but when they were little, I would do all sorts of crazy things so they would laugh. With my eldest I did some things and with my youngest I did others; mostly, because they have different personalities, and different things make them laugh.

What did coincide with both is that we were always rolling around the floor, moreso with my daughter, because I was younger. When I used to tell my son stories, I was usually the actress, and since all the stories were tragic, I ended up "dead" on the floor. (All princesses end up dead!) And when my daughter, a bit older then, saw me do these things (without remembering when she was little), she always said: "Mom, you're nuttier that a fruitcake!"

TRAS CORNUDO, APALEADO

Sabía que el camión de los helados pasaba los viernes, sábados y domingos a las seis y media. Era el primero del verano y durante la semana entera, había estado ahorrando sus monedas para comprar su favorito.

Cuando llegó el viernes, y se levantó, se sentía un tanto mareada; así que se volvió a la cama y se quedó ahí todo el día, bajo los atentos cuidados de su madre.

Creyó que se le pasaría, pero el sábado se encontraba aún peor: se había convertido en gripe!

Por supuesto, no se pudo levantar hasta tres días más tarde, y cuando llegó al colegio, sus amigos fueron muy compasivos, porque, ¡tras cornudo, apaleado! ¡Había habido una oferta en el camión: ¡dos helados al precio de uno! ¡¡¡Se quería morir!!!

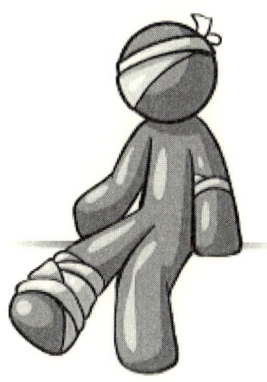

TO ADD INSULT TO INJURY

She knew that the ice-cream truck went by on Fridays, Saturdays and Sundays at half past six. It was the first of the Summer and during the whole week, she had been saving her coins to buy her favorite.

When Friday came, and she got up, she was feeling kind of dizzy; so she went back to bed and stayed there all day, her mother taking good care of her.

She thought it would go away, but on Saturday she felt even worse: it had turned into the flu!

Of course, she couldn't get up until three days later, and when she got to school, her friends were very sympathetic, because, to add insult to injury, there had been an offer in the truck: two ice-creams for the price of one! She wanted to die!!!

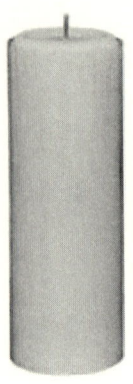

SE MONTÓ UN CIRIO

Cuando era pequeña, quería aprender a montar en bici; pero me daba mucho miedo porque, de más pequeña, me había caído del triciclo y me había abierto la cabeza.

Mi padre pasó muchos años insistiendo en enseñarme, pero yo no quería.

Pero un día, llegó mi tío, y me enseñó a montar en bici. Cuando se enteró mi padre, ¡se montó un cirio! ¡¿Qué tío enseña a su sobrina a montar en bici?!

ALL HELL BROKE LOOSE

When I was little, I wanted to learn how to ride a bike; but I was very scared to because, when I was even smaller, I had fallen off my tricycle and had slit open my head.

My father spent many years insisting on teaching me, but I didn't want to.

But one day, my uncle came along, and taught me how to ride a bike. When my father heard, all Hell broke loose! What uncle teaches his niece how to ride a bike?!

NO ES SANTO DE MI DEVOCIÓN

El otro día encontré una buena oferta de champiñones. Como a mí me encantan los champiñones, y sobre todo la crema de champiñones, y a mi hija también, decidí hacer una enorme olla de dicha crema.

Mi hija estaba pasando un tiempo con mi madre, así que le mandé un enorme tupperware con sopa para las dos.

Al día siguiente le pregunté a mi madre si le había gustado. "Oh, ¡muy buena!", me contestó.

Mi hija me mandó un mensaje, diciéndome lo buenísima que estaba, y yo le pregunté si le había gustado realmente a su abuela. "Ni siquiera la ha probado, Mamá. Me ha confesado que no es santo de su devoción," me dijo.

Mamá, ¡ya no te voy a mandar más sopa!

IT'S NOT MY CUP OF TEA

The other day I got a really good offer on mushrooms. Since I love mushrooms, and more than anything cream of mushroom soup, and my daughter does too, I decided to cook a real big pot of said cream.

My daughter was spending some time with my mother, so I sent her a giant tupperware with enough soup for both of them.

The next day, I asked my mother if she had liked it. "Oh, it was very good!", she answered.

My daughter sent me a message, telling me how very good it was, and I asked her if her grandmother had really liked it. "She didn't even taste it, Mom. She has confessed that it's not her cup of tea," she told me.

Mom, I'm not sending you any more soup!

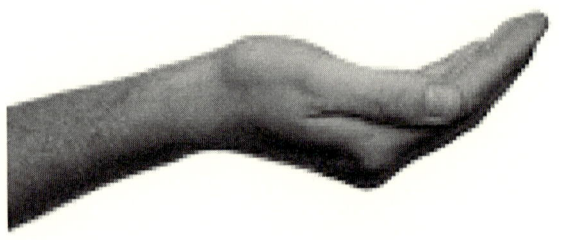

COMIENDO DE LA PALMA DE LA MANO

Cuando mi abuelo era un niño y volvía del colegio por las tardes, después de hacer sus tareas, pasaba el mejor de los ratos montando su caballo. Se adoraban mutuamente, y abuelo siempre le daba zanahorias. Ese era su nombre: Zanahorias. Algunos días pasaba un par de horas a caballo, pero otros días no encontraba tiempo. Pero siempre iba a la caballeriza a cepillarle y, por lo menos, pasar media hora con el.

Zanahorias era un caballo tan bueno, que cuando no podía montar, sencillamente se dejaba cepillar y amar.

A cambio, cuando podía montar, iba a donde decía abuelo, tan rápido como dijese y hacía lo que dijese mi abuelo. ¡Abuelo tenía a ese caballo comiendo de la palma de su mano!

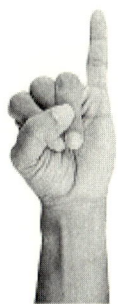

WRAPPED AROUND HIS LITTLE FINGER

When my grandfather was a boy and he got home from school in the afternoon, after doing all his chores, he spent the best of times riding his horse. They loved each other, and grandpa always gave him carrots. That was his name: Carrots. Some days he would ride a couple of hours, but other days he couldn't find the time. But he would always go to the stall to brush him and, at least, spend half an hour with him.

Carrots was such a good horse, that when they couldn't ride, he would just let himself be brushed and loved.

In exchange, when they could ride, he would go where-ever grandpa would say, as fast as he would say and he would do whatever my grandpa would say. Grandpa had that horse wrapped around his little finger!

AL GRANO

Si hay algo que no puedo soportar es la gente que habla y habla.

Debe ser cosa de familia, porque esta mañana estaba hablando con mi hermana, y me dijo de una de sus cuñadas, que no puede dejar de hablar. En esta ocasión, encima, era de una operación a la que se iba a someter. Estaba dando cada detallito, y hablando muy despacio.

Mi hermana estaba tan nerviosa que estuvo a punto de decirle: "¡Ve al grano, mujer! ¡Al grano!"

TO THE POINT

If there's something I can't stand is people that just rant.

It must be a family thing, because this morning I was talking to my sister, and she told me about one of her sisters in law, that just can't stop talking. On this occasion, on top of it all, it was about an operation she was going to have done. She was giving each little detail, and speaking very slowly.

My sister was so nervous she was about to tell her: "Get to the point, woman! To the point!"

ENTRE LA ESPADA Y LA PARED

El otro día fue mi cumpleaños. Tengo por norma hacerme un regalo, por si acaso nadie se acuerda de mi: ¡al menos tendré un regalo!

Este año no sabía qué hacer, si comprarme algo o irme a un restaurante a comer. Había visto un vestido precioso, y también unos zapatos. Por otro lado, me apetecía mucho ir al restaurante nuevo que habían abierto hace poco. Pero, ¡no iba a ir sola! ¿A quién invitaba?

¡Aaahhh! ¡Estaba entre la espada y la pared!

BETWEEN THE DEVIL AND
THE DEEP BLUE SEA

It was my birthday the other day. I have a rule to give myself a present, just in case nobody remembers me: at least I'll have a present!

This year I didn't know what to do, if to buy myself something or go to a restaurant to have a meal. I had seen a beautiful dress, and also some shoes. On the other hand, I really felt like going to the new restaurant that had opened recently. But, I wasn't going to go on my own! Who should I invite?

Aaahhh! I was between the devil and the deep blue sea!

EL BURRO DELANTE PARA
QUE NO SE ESPANTE

Mi padre es muy educado y de muy buenos modales. Consecuentemente, a sus hijas nos enseñó a ser educadas y a tener muy buenos modales.

Cuando conozco por primera vez a alguien, le doy un buen apretón de mano, mirándole a los ojos; cuando me cruzo con alguien que va por la misma acera que yo, me bajo para que pueda pasar. Siempre doy las gracias y pido "por favor".

Mi padre, además, es muy irónico, y muchas veces nos enseñaba las cosas con un "toque" especial. Especialmente, recuerdo lo que nos decía siempre al abrirnos la puerta: "¡El burro delante para que no se espante!"

BEAUTY BEFORE AGE

My father is very polite and has very good manners. Consequently, he has taught his daughters to be polite and have very good manners.

When I meet someone for the first time, I give a good, strong handshake, looking into the person's eye; when someone comes towards me on the same sidewalk, I get down so that person can go by. I always thank and say "please".

My father, besides, is very ironic, and a lot of times he would show us things with a special "touch". I especially remember what he would always say when he opened a door for us: "Beauty before age!"

ESTÁ LLOVIENDO

Un poco de historia.
20 de Marzo de 2020.
Pandemia Universal.
Cuarentena global.
Está lloviendo.
Cuando era chica cantaba:
"Que llueva, que llueva,
La Virgen de la cueva;
Los pajaritos cantan,
Las nubes se levantan:
¡Que si! ¡Que no! ¡Que caiga un chaparrón!
¡Y que rompa los cristales de la estación!
¡Y los míos no!"

IT'S RAINING

A bit of history.
March 20, 2020.
Universal pandemic.
Global quarantine.
It's raining.
When I was little, I would sing:
"It's raining, it's pouring,
The old man is snoring.
He went to bed
And he bumped his head,
And he couldn't get up in the morning!"

MÁS LIADO QUE LA PATA DE UN ROMANO

Un día en el trabajo, en un sin parar, noté que mis colegas estaban bastante ociosos: algunos estaban al ordenador y otros archivando, de acuerdo. Pero la mayoría estaba pululando, charlando o tomando café.

Seguí con mi trabajo, hasta que, de repente, me di cuenta de que estaba solo. ¡¿Dónde estaba todo el mundo?!

Llamé a mi amigo y le pregunté que dónde había ido todo el mundo. Me contestó: "Era hora de irse a casa, pero como estabas más liado que la pata de un romano, ¡no nos oíste decirte adiós!

¡Al día siguiente falté al trabajo!

BUSIER THAN A ONE-LEGGED PAPER HANGER IN AN ASS KICKING CONTEST

One day at work, non-stop, I noticed that my fellow workers were quite idle: some were on their computers and others were filing, agreed. But most of them were standing around, chatting or having coffee.

I carried on with my work, until, suddenly, I realized I was alone. Where was everyone?!

I called my friend and asked him where everybody had gone. He answered: "It was time to go home, but since you were busier than a one-legged paper hanger in an ass kicking contest, you didn't hear us say good-bye!"

The next day I didn't go to work!

¡QUE NOS DAN LAS UVAS!

Cuando era chica, era muy chica de cuerpo: era delgadita y tenías las piernas delgadas y cortas, como correspondía a mi edad.

Mi padre solía desesperarse cuando íbamos a algún lado, porque tardaba mucho...

Siempre me decía: ¡que nos dan las uvas!

CHRISTMAS IS COMING!

When I was little, I had a very small body: I was skinny and my legs were thin and short, corresponding to my age.

My father used to get desperate with me when we went somewhere, because I would take so long...

He would always say: Christmas is coming!

¡PAN COMIDO!

Cuando estuve viviendo en los Estados Unidos con mis abuelos, viví muchas experiencias con mi abuelo, con el que me llevaba muy bien: él me enseñó a conducir su coche (era automático), yo le enseñé a cocinar pollo en salsa de naranja (se chupaba los dedos), y, entre otras cosas, me enseñó cómo cuidar de su jardín: segar el césped, regar las flores, recortar los arbustos... Pero una cosa que nunca aprendí fue a subirme a un árbol. Mi abuelo ponía un pie aquí, otro allí, y, ¡ea! ¡Estaba en lo alto del árbol! ¡Pan comido!

EASY AS PIE!

When I was living in the United States with my grandparents, I lived a lot of experiences with my grandfather, whom I got along with real well: he taught me how to drive his car (it was automatic), I taught him how to cook chicken in orange sauce (he would lick his fingers), and, among other things, he taught me how to take care of his yard: mow the lawn, water the flowers, trim the hedges... But one thing I never learned was how to climb a tree. My grandfather would put one foot here, one there, and, there! He was on the top of the tree! Easy as pie!

El mono imitamonos

DONDE FUERES, HAZ LO QUE VIERES

¡Qué importante son nuestros padres! En todos los sentidos, pero esta mañana se me viene a la mente un sentido específico: los modales.

Recuerdo a mis padres educándome siendo educados ellos mismos. Y, consecuentemente, cuando no sabía cómo comportarme en una situación determinada, los miraba a ellos.

Y cuando ellos no sabían, miraban a su alrededor. Porque donde fueres, ¡haz lo que vieres!

WHEN IN ROME, DO AS THE ROMANS

How important our parents are! In all senses, but this morning one specific sense comes to mind: manners.

I remember my parents giving me good manners by being good-mannered themselves. And, consequently, when I didn't know how to behave in a certain situation, I would look at them.

And when they didn't know, they would look around themselves.

Because, when in Rome, do as the Romans!

DON CREÍQUE...

Habíamos quedado mis amigas y yo para cenar en mi casa hace un tiempo. Cada una tenía su misión: una traía flores, otra el postre, otra el vino...

Llegó el día pactado y fueron llegando una a una a mi casa. Llegaron todas, pero, ¡horror! ¡Faltaba el plato principal! ¡Parece que lo tenía que hacer yo! ¡Yo creía que con poner la casa ya bastaba!

¡Ay! ¡Don Creíque, Don Penséque, hermanos de Don Tontéque!

IF "IF'S" AND "BUT'S"...

My girl friends and I had arranged to meet at my house for supper some time ago. Each one had our mission: one brought flowers, another desert, another wine...

The assigned day came and one by one they arrived at my house. All of them came, but, how terrible! The main course was missing! It seems like I was supposed to cook it! I thought that making my house available was enough!

Oh! If "if's" and "but's" were candy and nuts, oh! what a Christmas we'd have!

LAS MANZANAS SIEMPRE PARECEN MEJORES EN EL HUERTO DEL VECINO

Siempre estaba mirando todas las casas del barrio. Le gustaba ver cómo las decoraban en Navidad; los niños que salían a buscar huevos de Pascua; los vendedores que iban de puerta a puerta vendiendo enciclopedias.

¡Qué triste no poder moverse de esa silla!

Iba a verla todas las tardes. Prefería estar con ella, leyéndole un libro aunque no lo escuchara; contándole chistes aunque no se riera; cantándole canciones aunque no tocara las palmas. Porque sabía que ella lo sentía todo.

¡Qué pena no poder estar siempre con ella en ese cuarto!

Las manzanas siempre parecen mejores en el huerto del vecino...

GRASS IS ALWAYS GREENER
ON THE OTHER SIDE

She was always looking at all the houses in the neighbourhood. She liked to see how they were decorated at Christmas; the children that would go Easter Egg hunting; the door to door salesmen selling encyclopedias.

How sad not to be able to move from that chair!

She went to see her every afternoon. She would rather be with her, reading a book even though she didn't listen; telling her jokes even though she didn't laugh; singing songs even though she didn't clap. Because she knew she felt everything.

How sad not to always be able to be with her in that room!

Grass is always greener on the other side...

POR LA BOCA MUERE EL PEZ

Había quedado con mi hijo para tomar un refresco. Habíamos quedado a la una menos cuarto. Pero llegó la una menos cuarto, y mi hijo no llegaba. La una menos diez... Por fín, a la una menos tres minutos llegó.

- ¿Qué te ha pasado?, - le pregunté.

- Nada, que cuando me iba a arreglar para salir, a las doce y media, sonó el timbre. Tuve que atender la puerta y se me fueron unos minutos. Cuando volví a mi cuarto, no encontraba una camiseta bonita que ponerme y tuve que planchar. En fin... ¡Una tras otra!

- Bueno, ¿y ganaste la partida?

-¡Si!

- ¡Ajá! ¡Te cogí! ¡Se te escapó!

¡Por la boca muere el pez!

LOOSE LIPS SINK SHIPS

I had arranged to meet my son to have a soda. We were meeting at a quarter to one. But a quarter to one came, and my son didn't. Ten to one... Finally, he got there at three minutes to one.

- What happened?, - I asked him.

- Nothing, when I was going to get ready to go out, at half past twelve, the door bell rang. I had to see to the door and it took a few minutes. When I went back to my room, I couldn't find a nice t-shirt to wear and I had to iron. You know... One thing after another!

- Okay, and did you win the game?

- Yes!

- Aha! I got you! It slipped out!

Loose lips sink ships!

¿QUÉ DIABLOS?

Estaba caminando por la calle, mirando los balcones, las flores, los árboles y las estatuas vivientes. A cada una que veía le echaba una moneda para que se moviera.

Hasta que llegué a una, que, por mucha moneda que le echara, no se movía.

Pero, ¿qué diablos? ¿Por qué no se movía?

Hasta que me dí la vuelta y vi a un montón de japoneses sacando fotos. Miré más de cerca y ¡resultó ser una estatua de verdad! Los japoneses sacarían la foto del día; ¡pero de mi cara!

WHAT ON EARTH?

I was walking along the street, looking at the balconies, the flowers, the trees and the living statues. Every one I saw I would toss it a coin so it would move.

Until I came to one that, no matter how many coins I tossed it, it wouldn't move.

But, what on Earth? Why wouldn't it move?

Until I turned around and saw a bunch of Japanese taking pictures. I looked closer and it turned out it was a real statue! The Japanese took the picture of the day; but of my face!

A LO JUSTO

Nos levantábamos muy temprano en Inglaterra para ir al colegio. Tan temprano que muchas mañanas nos cruzábamos con una manada de toros que iba a la pradera. El vaquero siempre estaba ahí para mantenerlos a raya y nunca pasaba nada.

Pero una mañana, no se por qué no estaba cuando salimos de casa. No sabíamos qué hacer, porque llegábamos tarde al autobús. Encima de todo, ¡yo llevaba una bufanda roja! ¡Oh, cielos! Empezamos a caminar despacio, pero en la esquina nos asustamos mucho y nos metimos en la cabina telefónica, ¡justo cuando apareció el vaquero! ¡A lo justo!

IN THE NICK OF TIME

We got up very early when we lived in England to go to school. So early that many mornings we would come across a herd of bulls that were going out to the pasture. The cowboy was always there to keep them in line and nothing ever happened.

But one morning, I don't know why he wasn't around when we left home. We didn't know what to do, because we were late for the bus. On top of it all, I was wearing a red scarf! Oh, dear! We started walking slowly, but at the corner we got very scared and got into the phone booth, just when the cowboy showed up! In the nick of time!

FUERTE COMO UN ROBLE

Mi padre podía abrir cualquier tarro de conservas.
¡Estaba fuerte como un roble!

STRONG AS AN OX

My father could open any jar. He was strong as an ox!

DIOS LOS CRÍA Y ELLOS SE JUNTAN

Cuando íbamos al colegio, teníamos muchos compañeros de clase.

De todos esos compañeros, había muchos amigos. Muchos más de los que hay ahora...

Pero entre todas esas personas se iban formando grupos, dependiendo de sus gustos musicales, de lectura o de cine.

Es verdad que Dios los cría y ¡ellos se juntan!

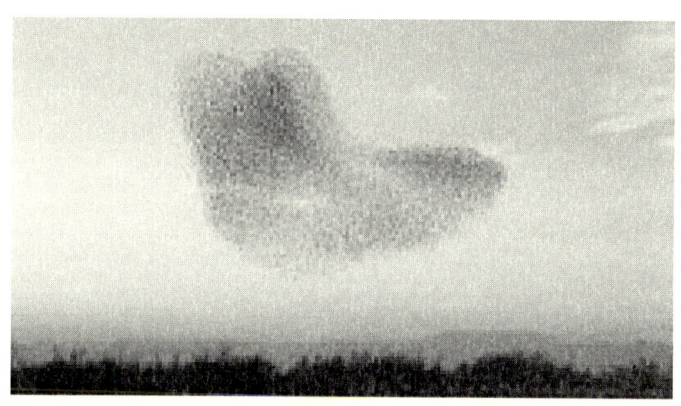

BIRDS OF A FEATHER FLOCK TOGETHER

When we went to school, we had a lot of classmates.

Among those classmates, there were a lot of
friends. Many more than nowadays...

But among all those people, groups would form,
depending on musical, reading or movie tastes.

It is true that birds of a feather flock together!

A FALTA DE PAN, BUENAS SON TORTAS

Semana Santa diferente y única, donde no podemos celebrar como todos los años la Resurrección de Nuestro Señor.

¡Ay! ¡Cómo echo de menos ver a mi madre! Y, ¡cómo voy a echar de menos el Cordero Pascual que comemos todos los Domingos de Resurrección!

Como este año no puede ser, me como un filete de solomillo de ternera con mi hijo... Pero no me quejo.

¡A falta de pan, buenas son tortas!

HALF A LOAF IS BETTER THAN NONE

Different and unique Holy Week, when we can't celebrate Our Lord's Resurrection like every year.

Oh! How I miss seeing my mother! And how I'm going to miss the Easter Lamb we eat every Easter Sunday!

Since this year it can't be, I'm eating a filet mignon with my son... But I'm not complaining.

Half a loaf is better than none!

LEVANTARSE CON EL PIE IZQUIERDO

Hace poco estuve viendo un programa en la tele que se suponía era comedia, pero, ¡no sé yo!

A la protagonista le salía todo al revés: se le caía el café encima, le traían quitamanchas, y al agacharse para limpiarse, se le rajaba la falda. Cuando entró en el aseo para enjuagarse, le salía un chorro terrible del grifo y le mojaba todo...

En fin, ¡parece que la chica se levantó con el pie izquierdo!

TO GET UP ON THE WRONG SIDE OF THE BED

Some time ago I saw a TV show that was supposed to be a comedy, but, I don't know!

Everything went wrong for the star: she spilled her coffee on herself, someone brought her some stain remover and when she bent over to clean herself up, her skirt slit. When she went to the bathroom to rinse herself, a terrible squirt of water came out of the faucet and got her all wet...

So, it seems like the girl got up on the wrong side of the bed!

LA CAJA DE LOS TRUENOS

¡Ay! ¡Qué tranquilo se está cuando no se está enamorado! Eso pienso ahora... Que sé lo que es...

Porque cuando era más joven lo que me encantaba era estar enamorada. Pero creo que lo que me
gustaba en realidad era toda esa cantidad de emo-
ciones que sentía a la vez: alegría, pena, sentir la
belleza de todo, verlo todo con otros ojos, enfados...

Definitivamente, lo mejor de estar enamorado es
que se abre la caja de los truenos. Que las tormentas
mentales acaben en lluvia en los ojos.

A CAN OF WORMS

Oh! How peaceful it is to not be in love! That's what I think now... That I know what it is...

Because when I was younger what I loved was to be in love. But I think that what I really liked was all those emotions I felt at the same time: happiness, sorrow, feeling the beauty in everything, seeing everything with other eyes, anger...

Definitely, the best part of being in love is opening a can of worms. That those mental storms end in rain in your eyes.

VENDER LA PIEL DEL OSO
ANTES DE CAZARLO

Iba por el bosque en busca del oso que tanto se me resistía. Llevaba tres días cazándolo y no lo encontraba.

"Cuando cace ese oso, tendré tanto dinero, que podré comer bien durante un mes y podré comprar leña para todo el invierno," pensaba para mi mismo mientras caminaba.

Pero todas mis ilusiones se fueron al traste cuando, por un sendero ya de vuelta, me lo encontré destrozado por otro cazador...

Entonces recordé las sabias palabras de mi madre: no vendas la piel del oso antes de cazarlo.

TO COUNT ONE'S CHICKENS
BEFORE THEY HATCH

I was going along the forest looking for that bear that was playing hard to get. I had been hunting it for three days and I couldn't find it.

"When I catch that bear, I'll have so much money, that I'll be able to eat well for a month and I'll be able to buy wood for the entire winter," I thought to myself while I was walking.

But all my illusions went down the drain when, on a path on my way home, I found it destroyed by another hunter...

Then I remembered my mother's wise words: don't count your chickens before they hatch.

HARINA DE OTRO COSTAL

Nunca me han gustado las corridas de toros, porque lo paso muy mal con el sufrimiento ajeno.

Pero no por ello estoy en contra. Me gustan cuando no matan al toro.

Y lo siento mucho cuando el toro cornea al torero. Pero esa es harina de otro costal. ¡Yo no me podría ni levantar!

A DIFFERENT KETTLE OF FISH

I have never liked bullfights, because I suffer a lot with other's suffering.

But that doesn't mean I'm against them. I like them when the bull isn't killed.

And I suffer a lot when the bull gores the bullfighter. But that is a different kettle of fish. I couldn't even get up!

MANO DE SANTO

La última Noche Vieja salieron a celebrarlo. Iban a tomárselo con calma: salir a cenar, y después a una fiesta en el hotel donde trabajaba su hijo. ¡Terrible idea! Se emborracharon in extremis, precisamente porque su hijo no dejaba que se vaciaran sus vasos.

Normalmente salían a comer todos juntos el día de Año Nuevo, pero cuando llamó su hijo para quedar, sencillamente no podían levantarse.

"¡Venga! ¡Os vendrá bien comer! ¡Una buena pizza con una cerveza enorme es mano de santo para la resaca!"

HAIR OF THE DOG

Last New Year's Eve they went out to celebrate. They were going to take it easy: go out for dinner, and afterwards to a party at the hotel where their son worked. Terrible idea! They got extremely drunk, precisely because their son didn't let their glasses get empty.

Usually, on New Year's Day, they all ate together, but when their son called to meet up, they simply couldn't get out of bed.

"Come on! It'll do you good to eat! A good pizza with a giant beer is hair of the dog for a hang-over!"

PEZ GORDO

Tengo una amiga que no parece encajar en ningún sitio: no le gusta la moda, no le gusta leer, realmente no le gusta enseñar, aunque es profesora...

Peo cuando la conoces un poco más, descubres que le encanta cocinar. Y todos los fines de semana va a una cocina de beneficencia y pasa ahí muchas horas. Organiza, compra y cocina.

¡Es un pez gordo en esa cocina!

BIG CHEESE

I have a friend who doesn't seem to fit in anywhere: she doesn't like fashion, she doesn't like reading, she doesn't really like teaching, although she is a teacher...

But when you get to know her a bit more, you discover that she loves to cook. And every weekend she goes to a charity kitchen and spends a lot of hours there. She organizes, buys and cooks.

She's a big cheese in that kitchen!

DÍA Y NOCHE

Mis hijos no se parecen nada entre sí. ¡Son como el día y la noche!

CHALK AND CHEESE

My children are nothing alike. They are like chalk and cheese!

POR LOS PELOS

El centro comercial es grande y puedes pasear, ir de compras, comer, beber, en fin, hacer de todo. Tiene dos plantas, pero la de arriba es para bungalows que se alquilan.

En los arcos que forman el techo del centro, anidan las golondrinas, y en primavera hay que tener mucho cuidado.

Pues el otro día íbamos paseando y una de esas golondrinas tuvo la feliz idea de hacer lo que tienen que hacer...

¡No me cayó encima por los pelos!

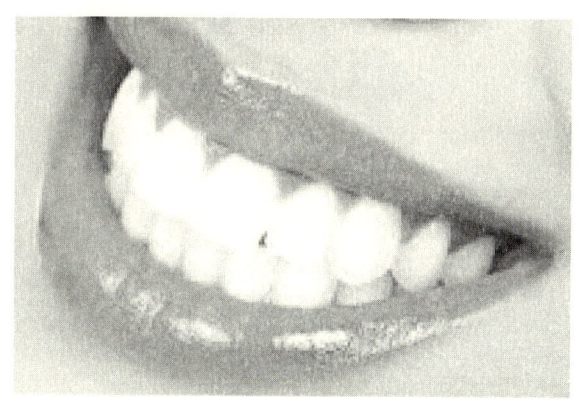

BY THE SKIN OF MY TEETH

The mall is big and you can take a walk, go shopping, eat, drink, in short, you can do anything. It's got two stories, but upstairs is for bungalows that are rented out.

Swallows nest in the arches that form the ceiling of the mall, and in Spring you have to be very careful.

Well, the other day we were walking along and one of those swallows had the happy idea to do what they have to do...

It didn't drop on me by the skin of my teeth!

ESTAR A LA ALTURA

Mi padre siempre me enseñó a hacer las cosas bien, y si no, no hacerlas. Sobre todo cuando el resultado influye en otras personas.

¡O estás a la altura o te retiras!

CUT THE MUSTARD

My father always taught me to do things properly, and if I couldn't, not to do them. Especially when the result had to do with others.

Or you cut the mustard or you're out!

MONTAÑA DE UN GRANO DE ARENA

Tengo una amiga perfeccionista. Todo lo tiene que hacer bien, todo le tiene que salir bien. Casi paranoica. Tanto, que cuando se equivoca en algo, se enfada muchísimo durante días.

Yo creo que hace una montaña de un grano de arena.

STORM IN A TEACUP

I have a perfectionist friend. She has to do everything right, everything has to turn out right. Almost paranoid. So much, that when she makes a mistake, she is very mad for days.

I think she forms a storm in a teacup.

ESTIRAR LA PATA

¡Espero que inventen el teletransporte antes de que estire la pata!

TO KICK THE BUCKET

I hope teleportation is invented before I kick the bucket!

GANARSE LAS HABICHUELAS

Mi abuelo siempre decía que todos teníamos que tener carrera, arte y oficio.

¡Era la manera segura de ganarse las habichuelas de una manera u otra!

BRING HOME THE BACON

My grandfather always said that we had to have a career, a form of art and a trade.

It was the sure way to bring home the bacon one way or another!

FELIZ COMO UNA PERDIZ

Hay días que no estoy demasiado a gusto estando todo el día en casa. Hay veces que me canso de leer, de ver la tele, de estar al ordenador...

Pero cuando me voy a la cocina y me pongo a cocinar u hornear, ¡soy feliz como una perdiz!

HAPPY AS A CLAM

There are days when I am not too happy staying at home all day long. There are times when I get tired of reading, watching television, being in front of the computer...

But when I go to the kitchen and start cooking or baking, I'm happy as a clam!

UÑA Y CARNE

De pequeños no nos conocíamos; de hecho, nos conocimos ya siendo adultos.

Aunque vivíamos en la misma ciudad, e incluso fuimos al mismo colegio, no habíamos coincidido en ningún grupo de deporte ni de amigos ni de nada.

Creo que nos conocimos porque nos hicimos más selectivos y nuestras preferencias fueron definiéndose cada vez más. A más exigentes, menos amigos. Pero así nos garantizamos que los amigos que tenemos son buenos.

Contigo, tan bueno que somos uña y carne.

THICK AS THIEVES

When we were small we didn't know each other; as a matter of fact, we met as adults already.

Although we lived in the same city, and we even went to the same school, we hadn't coincided in any sports groups, friends groups or anything.

I think we met because we became more selective and our preferences were more and more defined. The more demanding, the less friends. But that way we make sure that the friends we have are good.

With you, so good that we are thick as thieves.

COGER AL TORO POR LOS CUERNOS

Vivimos muchas situaciones a lo largo de nuestras vidas. Gracias a Dios, la mayoría de esas situaciones son buenas. Pero hay veces en que no lo son, y tenemos que coger al toro por los cuernos y afrontarlas.

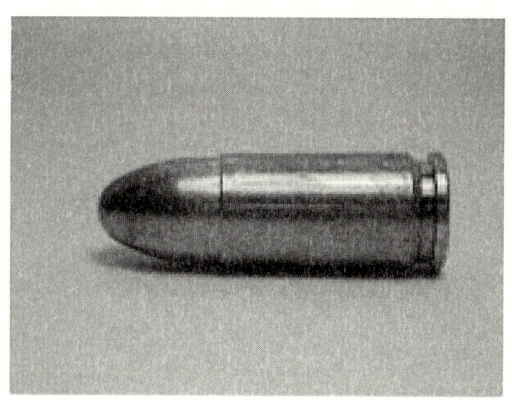

BITE THE BULLET

We live a lot of situations in our lives. Thank God, most of those situations are good. But there are times when they aren't, and we have to bite the bullet and face them.

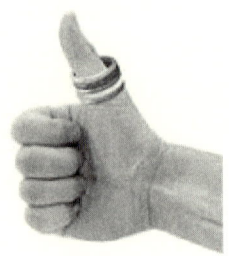

COMO ANILLO AL DEDO

Hoy es la noche de Walpurgis. Es una creencia alemana de que esa noche las brujas volaban sobre escobas, gatos o cabras hacia la montaña más alta de la Sierra del Harz, para celebrar sus rituales.

Conozco a más de una que el nombre le viene como anillo al dedo.

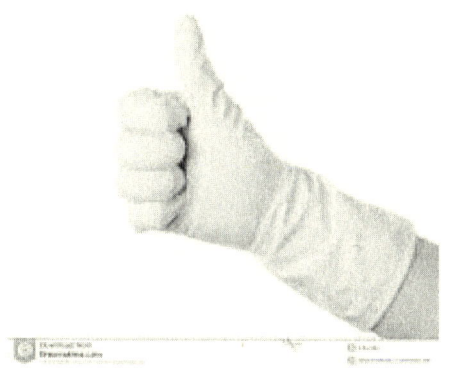

LIKE A GLOVE

Today is the night of Walpurgis. It's a German belief that that night witches fly on their brooms, cats or goats to the highest mountain in the Harz Range to celebrate their rituals.

I know more than one woman that fits this name like a glove.

COMO UN TRONCO

¡Buf! ¡Qué semana! Terminaba el verano y empezaban los preparativos para ir al colegio: comprando uniformes, libros, material escolar...

Aparte de lo habitual: levantarme a las siete para ir a trabajar, a la vuelta hacer la compra, la comida del día siguiente, limpiar...

Cansada, cansada, cansada...

¡No me extraña que por la noche cayera en la cama como un tronco!

DEAD TO THE WORLD

Boy! What a week! Summer was over and preparations for school began: buying uniforms, books, school supplies...

Besides the usual: getting up at seven to go to work, shopping on my way back, cooking for the next day, cleaning...

Tired, tired, tired...

I'm not surprised that at night I plopped in bed dead to the world!

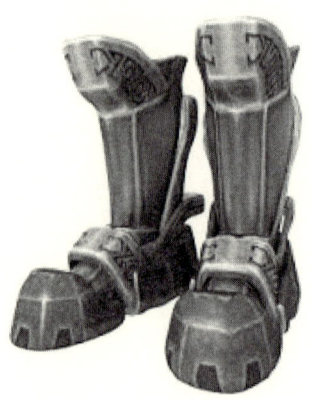

ANDAR CON PIES DE PLOMO

Siempre fué muy susceptible y se ofendía muy pronto si no tenías delicadeza con ella.

Cuando le dije que me tenía que ir, había estado una semana pensando cómo decirselo. Por supuesto, también tenía que decirle que no podía volver...

¡Qué difícil! Tenía que andar con pies de plomo para no romperle el corazón...

WALK ON EGGSHELLS

She had always been very susceptible and took offense very soon if you weren't delicate with her.

When I told her I had to leave, I had been thinking how to tell her for a week. Of course, I also had to tell her I couldn't come back...

How hard! I had to walk on eggshells so as not to break her heart...

LA NIÑA DE SUS OJOS

Mi mejor amiga tenía ocho hermanos. Estoy segura de que su padre los quería a todos por igual. Pero con ella leía cuentos, salía a pasear y le compraba helados más que con ninguno.

No cabe duda de que era la niña de sus ojos.

THE APPLE OF HIS EYE

My best friend had eight siblings. I'm sure her father loved all of them equally. But with her, he read stories, went for walks and bought her ice cream more than with any.

No doubt she was the apple of his eye.

EN LAS DURAS Y MADURAS

Mi hijo empezó a ir al campo de fútbol a ver a su equipo jugar hace unos cuantos años.

A pesar de perder muchas veces, y ganar menos, él ha estado allí siempre: en las duras y las maduras.

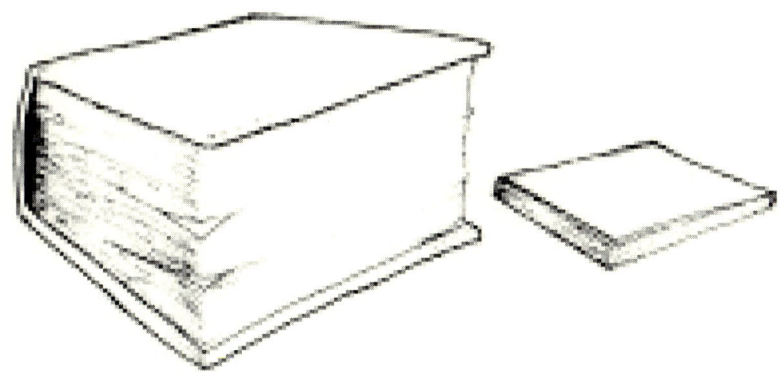

THROUGH THICK AND THIN

My son started going to the football stadium to watch his team play a few years ago.

Despite losing a lot of times, and winning less, he has always been there: through thick and thin.

LIMPIO COMO UNA PATENA

Un amigo mío aparca en un garaje cerrado.

Su vecina de aparcamiento lo ha llamado para decirle que el copiloto tenga cuidado al abrir la puerta, que se notan los golpecitos.

Yo, que me monto a menudo, noto que su coche está lleno de polvo. Bastante sucio. A lo mejor, nota que se le quita el polvo de ese pedacito.

Si lo tuviera limpio como una patena, ¡ya vería que no tiene nada de que quejarse!

CLEAN AS A WHISTLE

A friend of mine parks in a garage.

His parking neighbour has called him to tell him that the co-pilot should be careful opening the door, because there are little marks.

I, who ride very often, do notice that her car is full of dust. Quite dirty. Maybe, she notices that the dust comes off in that little spot.

If it were clean as a whistle she'd see there's nothing to complain about!

TOMAR EL PELO A ALGUIEN

Totalmente seria estaba yo. Muy concentrada leyendo. De repente, entraron en la cafetería, vinieron a mi mesa y me dijeron que me tenía que levantar de ahí, que venían a rodar una escena, y que tenía que ser en esa mesa.

El resto de la cafetería estaba vacío: ¿por qué en la mesa donde estaba sentada yo? ¡¿Me estaban tomando el pelo?! Pues me tuve que levantar e irme a otra mesa.

¡Por las molestias me invitaron a comer!

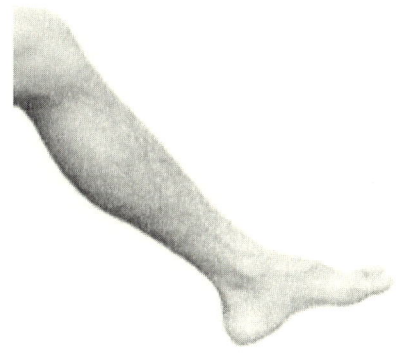

TO PULL ONE'S LEG

Completely serious I was. Very concentrated reading. Suddenly, they entered the cafeteria, came to my table and told me I had to get up from there, that they were going to film a scene, and that it had to be at that table.

The rest of the cafeteria was empty: why at the table where I was sitting? Were they pulling my leg?! Well I had to get up and go to another table.

For the trouble they bought me lunch!

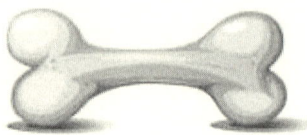

UN HUESO DURO DE ROER

Me acuerdo de mi profesor de matemáticas de bachiller.

Las matemáticas en sí no eran difíciles, ¡pero él era un hueso duro de roer!

A HARD NUT TO CRACK

I remember my high school maths teacher.
Maths themselves were not hard, but he was a hard nut to crack!

DE BUENA TINTA

- ¿Dónde vas?

- Voy al restaurante nuevo que han abierto ayer; el de la calle Real.

- ¡Pero si aún no ha abierto! ¡Abre la semana que viene!

- ¡Que no! Lo sé de buena tinta: ¡mi hermana trabaja allí!

STRAIGHT FROM THE HORSE'S MOUTH

- Where are you going?
- I'm going to the new restaurant that opened yesterday; the one on Main Street.
- But it hasn't opened yet! It opens next week!
- Really, no! I know straight from the horse's mouth: my sister works there!

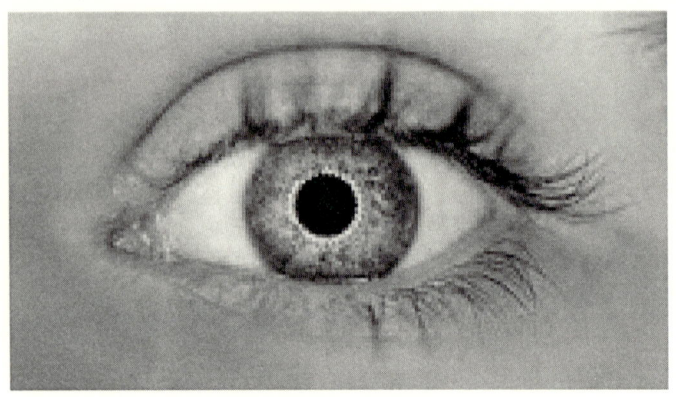

COSTAR UN OJO DE LA CARA

El otro día vi a una señora con un precioso collar de oro. Tenía muchas piedras preciosas, pero era muy sencillo.

Pero una cosa es segura: ¡le debió costar un ojo de la cara!

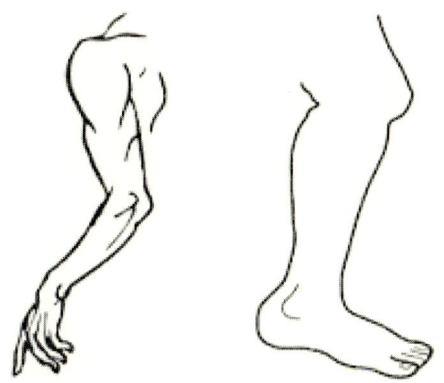

TO COST AN ARM AND A LEG

The other day I saw a lady with a beautiful gold necklace. It had a lot of precious stones, but it was very simple.

But one thing is for sure: it must have cost her an arm and a leg!

NI CHICHA NI "LIMONÁ"

Me habían hablado mucho de su nuevo libro, y la verdad es que tenía muchas ganas de leerlo.

Empecé a leerlo por la tarde. En seguida busqué una excusa para levantarme del sofá a hacer otra cosa.

Después de cenar, intenté seguir leyendo, pero me llamó la atención un programa de televisión (!)...

Cuando me metí en la cama, volví a coger el libro, y me quedé dormida a los cinco minutos.

A la mañana siguiente, como el libro estaba prácticamente intacto, fui a la tienda a devolverlo. Cuando la librera me preguntó que qué me había pasado, se lo conté. Y le dije: "en resumen, ¡el libro no tiene ni chicha ni "limoná"!"

NEITHER FISH NOR FOWL

I had heard a lot about his new book, and the truth is I really felt like reading it.

I started reading it in the afternoon. Right away, I looked for an excuse to get up from the couch and do something else.

After supper, I tried to continue reading, but a television show got my attention (!)...

When I got into bed, I picked up the book again, and fell asleep five minutes later.

The next morning, since the book was practically intact, I went to the store to return it. When the book-keeper asked me what had happened, I told her. And I said: "in short, the book was neither fish nor fowl!"

DE TAL PALO, TAL ASTILLA

¡Cómo nos cambia el carácter a medida que madu-
ramos! Vamos seleccionando cada vez más lo que
nos gusta y lo que no. Por supuesto, nuestros gustos
en comidas van cambiando (muchas veces por cul-
pa de nuestro cuerpo...).

Pero, aparte de todo, me voy pareciendo cada
vez más a mi padre. No sé si por la educación que
recibí de él (y mi madre), o por los años que viví
con él (y mi madre).

Pero él estaría orgulloso y diría: ¡de tal palo, tal
astilla!

A CHIP OFF THE OLD BLOCK

How our character changes as we grow! We start choosing more and more what we like and what we don't. Of course, our tastes in foods change (many times because of our body...).

But, besides all this, I am more like my father as the days go by. I don't know if because of the education I received from him (and my mother), or because of the years I lived with him (and my mother).

But he would be proud and would say: a chip off the old block!

BUSCARLE TRES PIES AL GATO

Me fui de compras a ver si me compraba un vestido para la fiesta del fin de semana.

Entré en una tienda que me gusta especialmente porque me atienden muy bien. La dependiente empezó a sacar vestidos de todos los colores y diseños.

Uno no me gustaba por el color, otro, por la forma, el otro, por el largo. Que si tiene las mangas largas, que si cortas... Ese tiene cremallera, el otro, botones...

Hasta que la chica se cansó un poco de mi y dijo: "¡me parece que le estás buscando tres pies al gato para no gastar dinero!"

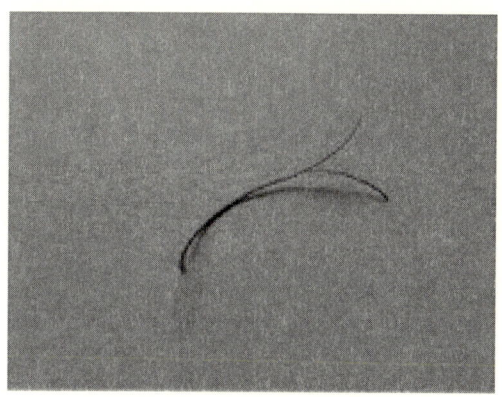

SPLITTING HAIRS

I went shopping to see about buying a dress for the party at the weekend.

I went into a shop that I especially like because I'm taken good care of. The shop-keeper started taking out dresses of all colors and designs.

I didn't like one because of the color, another, because of the shape, the other one, because of its length. It's long sleeved, it's short sleeved... This one's got a zipper, the other one, buttons...

Until the girl got a bit tired of me and said: "I think you're splitting hairs so as not to spend money!"

IRSE AL GARETE

Estuvimos planeando el viaje durante meses: cuál era la mejor fecha, cuál era el mejor hotel.

Todo para poder disfrutar al máximo.

Y una semana antes del día "D", me puse mala: una gripe terrible, que no me permitía levantarme de la cama.

Se fué todo al garete...

TO GO TO THE DOGS

We planned the trip for months: which was the best date, which was the best hotel.

Everything to be able to enjoy to the max.

And one week before "D" day, I got sick: a terrible flu, that wouldn't let me get out of bed.

Everything went to the dogs...

DESCUBRIR EL PASTEL

No le quería decir nada porque era mi mejor amiga y no quería hacerle daño.

Pero un día que estábamos comiendo con otra amiga nuestra, le preguntó que cómo le iba, que si estaba muy desilusionada.

Mi mejor amiga me miró y me preguntó que de qué estaba hablando.

Bueno, ya que nuestra amiga había descubierto el pastel, se lo conté todo.

Y, naturalmente, se llevó horas llorando...

TO LET THE CAT OUT OF THE BAG

I didn't want to tell her anything because she was my best friend and I didn't want to hurt her.

But one day that we were having lunch with another friend of ours, she asked her how she was doing, if she was feeling very down.

My best friend looked at me and asked me what she was talking about.

Well, since our friend had let the cat out of the bag, I told her everything.

And, naturally, she spent hours crying...

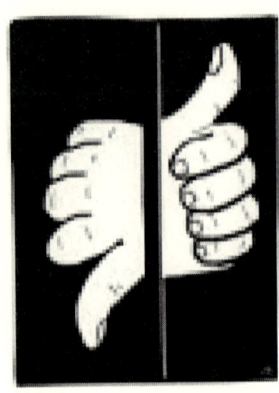

NO HAY MAL QUE POR BIEN NO VENGA

Cuando volvió de estar fuera durante años, tenía toda una mudanza que hacer, y todo un armario de ropa que traerse.

Mucha ropa la metió en cajas y las añadió a la mudanza. Pero, así y todo, traía tres maletas enormes, para poder tenerlo todo más a mano antes de instalarse.

Cuando se bajó del avión y fué a recoger sus maletas, se quedó hasta que salió la última, y las suyas no aparecieron.

Fué a reclamar, y le dijeron que tenía que esperar unos días. Entonces, si no aparecían, le compensarían económicamente, que fué lo que ocurrió al final.

Le vino muy bien, porque toda su ropa ya estaba muy usada y un poco pasada de moda. Se compró un montón de ropa nueva con ese dinero.

¡No hay mal que por bien no venga!

EVERY CLOUD HAS A SILVER LINING

When he came back from living away for years, he had a big move to face and a whole closet of clothes to bring.

He put a lot of the clothes into boxes and put them with the furniture. But, even though, he brought three enormous suitcases with him, so as to have everything at hand before settling in.

When he got off the plane and went to pick up his suitcases, he waited until the last one came out, and his didn't show up.

He went to claim his luggage, and was told that he had to wait a few days. Then, if they didn't show up, he would be economically compensated, which is what finally happened.

That was very convenient for him, because all his clothes were quite used and a bit outdated. He bought a bunch of new clothes with that money.

Every cloud has a silver lining!

LA PERA LIMONERA

Les oí a los dos hablando:

- ¿Por qué no vamos a hacer "puenting"?
- ¿Por qué no mejor paracaidismo?, - le dijo ella.
- ¡Ya sé! ¡Vamos al circuito de carreras, que el sábado se pueden conducir coches de carrera! ¡Será la pera limonera!

THE BEE'S KNEES

I heard them talking to each other:
  - Why don't we go bungee jumping?
  - Why not better parachuting?, - she told her.
  - I know! Let's go to the race track, where on Saturday you can drive race cars! It'll be the bee's knees!

PAGAR CON LA MISMA MONEDA

Mis vecinos de arriba son muy ruidosos: no usan zapatillas, así que se oyen mucho sus zapatos sobre el suelo de madera; arrastran muebles; y, por ejemplo, ¡suben y bajan la persiana como si fuera una guillotina!

Mi hijo, que se acuesta tarde, muchas veces me dice que va a coger la escoba y va a dar golpecitos en el techo por la noche. Para pagarles con la misma moneda.

TO FIGHT FIRE WITH FIRE

My upstairs neighbors are very noisy: they don't use slippers, so you can really hear their shoes on their wooden floors; they drag furniture around; and, for example, they open and close the blind like it was a guillotine!

My son, who goes to bed late, tells me lots of times that he's going to pick up the broom and tap on the ceiling at night. To fight fire with fire.

FLOR DE UN DÍA

Decidí preparar una magnífica comida para toda mi familia (somos veintisiete).

Mi idea vino de que un día me metí en la cocina e hice una quiche magnífica, y después una tarta de tres quesos que estaba espectacular. ¡Mis hijos se lo comieron todo!

Bueno, pues llegó el día señalado y desde bien temprano me puse a cocinar.

Todo salió como estaba planeado, pero cuando empezó todo el mundo a comer, por las caras que estaba viendo, sabía que nada estaba bueno...

¡Parece ser que ese quiche y tarta fueron flor de un día!

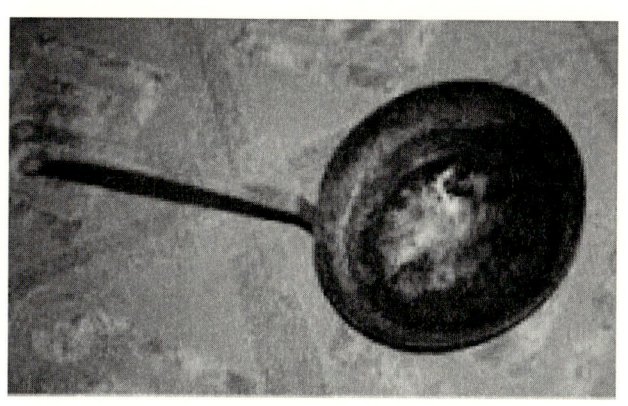

A FLASH IN THE PAN

I decided to prepare a magnificent meal for all my family (there are twenty-seven of us).

I got the idea from one day that I got into the kitchen and made a magnificent quiche, and later a three cheese pie that was spectacular. My children ate it all!

Well, the appointed day came and I started cooking real early.

Everything came out as planned, but when everyone started eating, by the faces I was seeing, I knew nothing was good...

It seems like that quiche and pie were a flash in the pan!

EN CASA DEL HERRERO, CUCHILLO DE PALO

Tanto su padre como su madre eran cocineros. Tenían un restaurante, pero en casa siempre había comida casera, porque, o su padre, o su madre hacía la comida del día.

¡Cuánto los echa de menos! Entre otras cosas, porque él nunca aprendió a cocinar, y cuando se independizó, comía todo precocinado.

En casa del herrero, cuchillo de palo.

THERE'S NONE WORSE SHOD THAN THE SHOEMAKER'S WIFE

Both his father and mother were cooks. They had a restaurant, but at home there was always home-made food, because either his father, or his mother, always cooked the daily meal.

How he misses them! Among other things, because he never learnt how to cook, and when he became independent, everything he ate was ready made meals.

There's none worse shod than the shoemaker's wife.

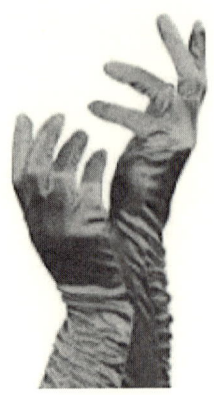

CON GUANTES DE SEDA

Aunque hizo la visita como presidente del equipo de fútbol de la ciudad, lo trataron con guantes de seda porque también era el presidente del Banco Central.

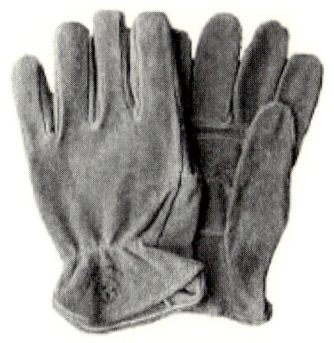

WITH KID GLOVES

Although he visited as president of the city football club, they treated him with kid gloves because he was also the president of the Central Bank.

CASTILLOS EN EL AIRE

Iba por el pomar con las cestas de la bicicleta llenas de manzanas.

- Cuando llegue a casa, voy a hacer dos tartas y una mermelada de manzanas. Además, voy a asar manzanas y lo voy a vender todo. Con ese dinero, voy a comprarme un moto-carro, para poder coger más manzanas, y venderlas también.

Tan entusiasmado iba, que no vió una piedra enorme en el camino, se tropezó con ella, se cayó, y todas sus manzanas se fueron rodando cuesta-abajo.

¡Se quedó todo en castillos en el aire!

(Inspirado por la fábula de Esopo, "El Cuento de la Lechera.)

PIE IN THE SKY

He was riding along the apple orchard with the baskets of his bike full of apples.

- When I get home, I'm going to bake two pies, and make an apple marmalade. Besides, I'm going to bake apples and I'm going to sell it all. With that money, I'm going to buy a small three wheeled delivery van, so I can pick more apples, and sell them too.

He was so enthusiastic he didn't see an enormous rock in the path, and he stumbled over it, fell, and all his apples rolled down hill.

It all came down to a pie in the sky!

(Inspired by Aesop's fable, "The Milkmaid".)

MANGA POR HOMBRO

Cuando volvieron de sus vacaciones y abrieron la puerta principal, estaba toda la casa manga por hombro.

¡¿Pero cómo podía ser, si habían dejado a su hijo de diecisiete años a cargo de la casa?!

Ja ja ja ja ja

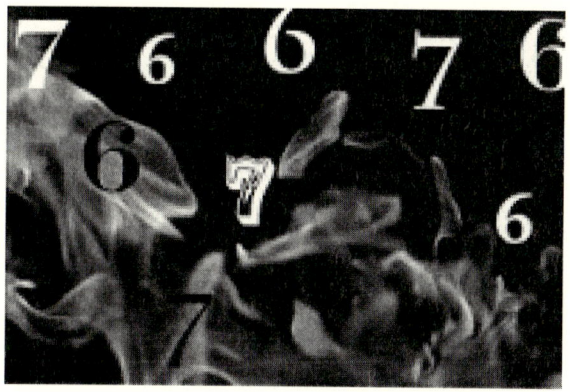

AT SIXES AND SEVENS

When they got back from their holidays and opened the front door, the whole house was at sixes and sevens.

But how could it be, if they had left their seventeen year old son in charge of the house?!

Ha ha ha ha ha

PAGAR A ESCOTE

¡Por fin me hicieron una fiesta de cumpleaños sorpresa!

Me llevaron engañada al restaurante. Al entrar apagaron todas las luces hasta que me sentaron.

Una vez sentada, las encendieron y, ¡ahí estaban todos mis amigos!

¡Qué banquete! ¡Qué rica toda la comida! ¡Qué tarta más grande y buena!

Pero la sorpresa de verdad vino al final, cuando me incluyeron para pagar la cuenta. ¡Íbamos a escote!

TO GO DUTCH

I was finally thrown a surprise birthday party!

Fooled, I was taken to the restaurant. When we went in all the lights were turned off until I sat down.

Once sitting, they were turned on and, there were all my friends!

What a feast! How good all the food! What a big and good cake!

But the real surprise came at the end, when they included me to pay the bill. We were going Dutch!

MEMORIA DE PEZ

Ayer mi madre me preguntó que qué quería por mi cumpleaños, que es el domingo.. Le dije que quería colonia, que se me estaba acabando.

Esta mañana, estando otra vez con ella, me ha vuelto a preguntar...

¡Memoria de pez!

MEMORY LIKE A SIEVE

Yesterday, my mother asked me what I wanted for my birthday, which is next Sunday. I told her I wanted cologne, that mine was almost finished.

This morning, again with her, she asked me once more...

Memory like a sieve!

PAGAR EL PATO

Vivir con alguien puede ser una maravilla. Se comparten todas las alegrías, se viven cosas buenas en compañía, siempre tienes con quien comer...

Pero también puede ser un tostonazo. Porque cuando la otra persona está de mal humor, evidentemente no contigo, sino con el mundo, ¡tú pagas el pato!

TO PAY THE PIPER

Living with somebody can be wonderful. Happy moments are shared, good things are lived with one another, you can always eat with somebody by your side...

But it can also be a pain in the neck. Because when the other person is in a bad mood, obviously not with you, but with the world, you pay the piper!

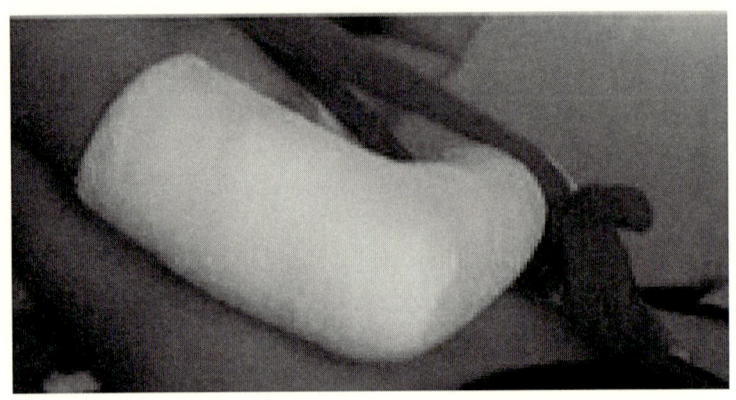

LUCHAR A BRAZO PARTIDO

Cuando era más joven, iba de empleo en empleo, porque no encontraba algo realmente estable ni que me gustara del todo.

Pasé así unos años, hasta que encontré mi trabajo ideal: en ese estuve toda mi vida laboral, porque luché por él a brazo partido.

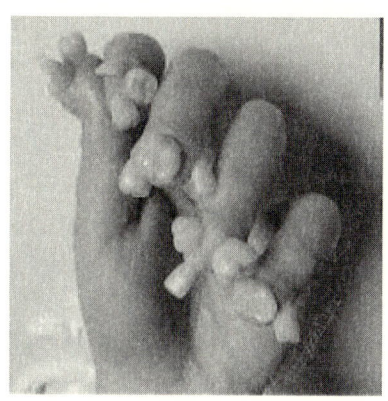

TO FIGHT TOOTH AND NAIL

When I was younger, I was always job hopping, because I couldn't find anything really steady or that I really liked.

A few years went by until I found my ideal job: that is the one I had during all my working life, because I fought tooth and nail for it.

POR CINCO CUARTOS

¡Cómo cambian los tiempos!

Me acuerdo cuando era pequeña mi abuela nos daba 25 pesetas para ir a comprar chucherías, o, si queríamos, meterlas en la hucha para comprarnos un juguete cuando tuviéramos suficiente ahorrado.

Y podíamos comprarnos algo bastante pronto, porque las cosas, por aquel entonces, las conseguías por cinco cuartos.

FOR A SONG

How times change!

I remember when I was little my grandmother would give us 25 pesetas to buy candy, or, if we wanted to, to put them in our piggy bank to buy a toy when we had enough saved up.

And we could buy something pretty soon, because you could get things, in those times, for a song.

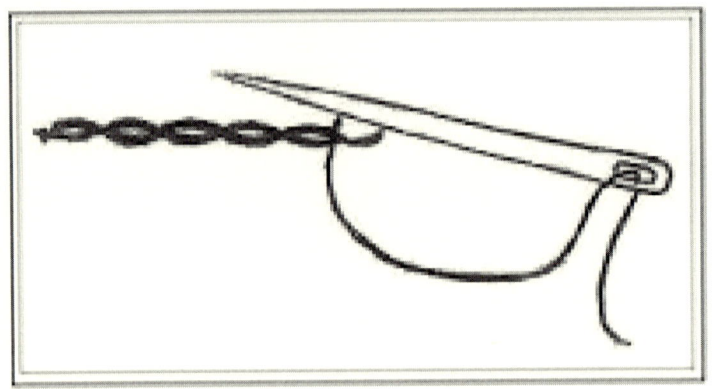

UNA PUNTADA A TIEMPO AHORRA CIENTO

Me acuerdo cuando se cayó parte del techo de mi cuarto de estar. ¡Fué terrible! Mi hija se acababa de levantar del sofá; si no, se le cae encima y, ¡podía haber sido una tragedia!

Cuando vinieron los albañiles a arreglarlo, arreglaron el techo entero, porque decían que podía pasar en cualquier otro punto en cualquier momento. Que lo arreglara en ese momento, ¡que una puntada a tiempo ahorra ciento!

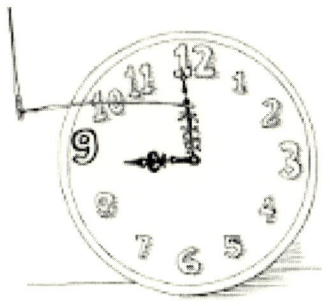

A STITCH IN TIME SAVES NINE

I remember when part of my living room ceiling fell. It was terrible! My daughter had just got up from the couch; if she hadn't, it would have fallen on her and it could have been a tragedy!

When the masons came to fix it, they fixed the whole ceiling, because they said that the same thing could happen in any spot at any moment. To fix it then, that a stitch in time saves nine!

CAERSE DEL NIDO

¡Qué tiempos aquellos! Sin preocupación alguna, recién terminados los estudios, empezando nuestro primer trabajo y con toda la vida por delante...

Tenía una amiga que no tenía ni idea de qué iba a hacer. Había terminado la carrera de administración de empresas, pero como parecía que se había caído del nido, no encontraba trabajo. ¡A esa chica le hacían falta unos años de vida antes que nada!

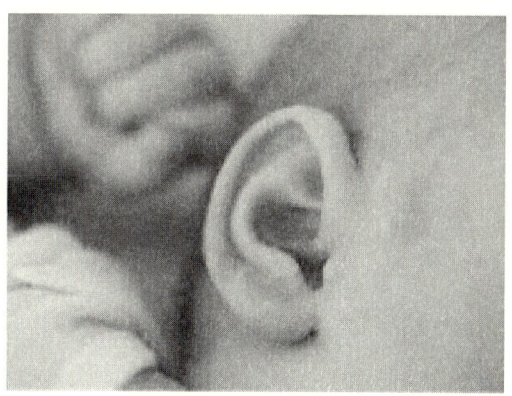

TO BE WET BEHIND THE EARS

Those were the days! Without a worry, studies just finished, starting a first job and with one's whole life ahead...

I had a friend that had no idea what she was going to do. She had finished her Business Administration Degree, but since it was as if she were wet behind the ears, she couldn't find a job. That girl needed, first of all, a few years of living!

DE LA CECA A LA MECA

Ayer abandonaron un perro en mi bloque. El pobre, que no entendía nada, se pasó el día entero de la Ceca a la Meca...

FROM PILLAR TO POST

Yesterday a dog was abandoned in my building. The poor thing, that couldn't understand what was going on, spent the day from pillar to post...

A QUIEN MADRUGA, DIOS LE AYUDA

Mis hijos siempre se maravillan de que, me acueste a la hora que me acueste, me levanto temprano.

Siempre les digo que hay que hacer cosas durante el día, y no saben cómo puedo.

Les contesto que a quien madruga, Dios le ayuda.

THE EARLY BIRD GETS THE WORM

My children always marvel at the fact that, no matter what time I go to bed, I get up early.

I always tell them that things have to get done during the day, and they don't know how I can do it.

I answer that the early bird gets the worm.

EN EL PUNTO DE MIRA

Los americanos descubrieron que unos "hackers" les habían robado un experimento importante.

Desde el minuto uno, los chinos estaban en el punto de mira.

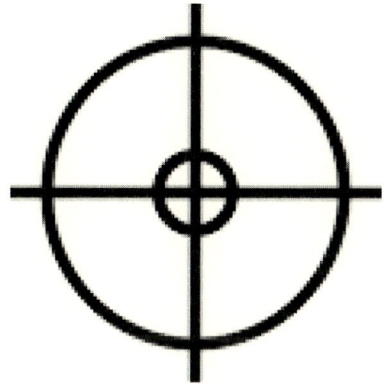

IN THE CROSSHAIRS

The Americans discovered that some hackers had robbed them an important experiment.

From minute one, the Chinese were in the crosshairs.

GATO ESCALDADO DEL AGUA FRÍA HUYE

Me acuerdo que la hija de mi prima una vez metió los dedos en un enchufe cuando era pequeña. Hoy en día ni siquiera enchufa una lámpara.

¡Gato escaldado del agua fría huye!

ONCE BITTEN, TWICE SHY

I remember my cousin's daughter once stuck her fingers in an electrical outlet when she was small. Nowadays she won't even plug in a lamp.

Once bitten, twice shy!

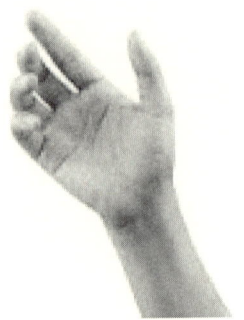

COMO LA PALMA DE MI MANO

He estado en esa ciudad tantas veces que la conozco
como la palma de mi mano.

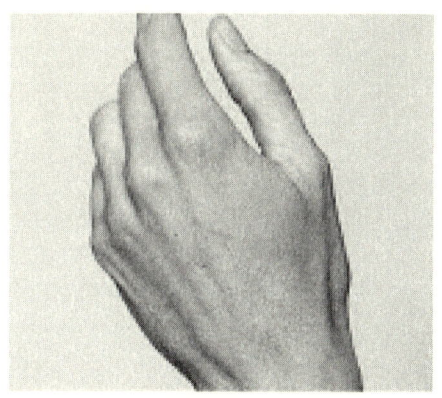

LIKE THE BACK OF MY HAND

I've been to that city so many times that I know it like the back of my hand.

EN UN BERENJENAL

Estaban muy enamorados el uno del otro. Se casaron.

El empezó a engañarla con otras mujeres, con el juego y con el alcohol.

Al cabo de los años ella se dió cuenta del berenjenal en que se había metido...

IN A PICKLE

They were very much in love with each other. They got married.

He started cheating on her with other women, gambling and drinking.

After a few years she realized the pickle she was in...

EN UN SANTIAMÉN

El otro día iba caminando por la calle, cuando a mi hijo se le rompió el pantalón al agacharse a coger una cosa.

Menos mal que siempre tengo un kit de costura en el bolso. Le dije: "No te preocupes, ¡que esto lo soluciono yo en un santiamén!"

AT THE DROP OF A DIME

The other day I was walking along the street, when my son's trousers ripped when he stooped down to pick something up.

It's a good thing I always have a sewing kit in my purse. I told him: "Don't worry, I'll fix this at the drop of a dime!"

PERAS Y MANZANAS

Empecé recientemente a bordar.

Iba a usar hilos de los más baratos, porque el presupuesto está regular; pero cuando empecé a usarlos, se rompían en seguida. Así que compré los que son un poco más caros.

¡Esos no se rompen en absoluto! ¡Son peras y manzanas!

APPLES AND ORANGES

I recently started to embroider.

I was going to use cheaper thread, because my budget is tight; but when I started using them, they would break right away. So I bought the ones that are a bit more expensive.

Those don't break at all! Apples and oranges!

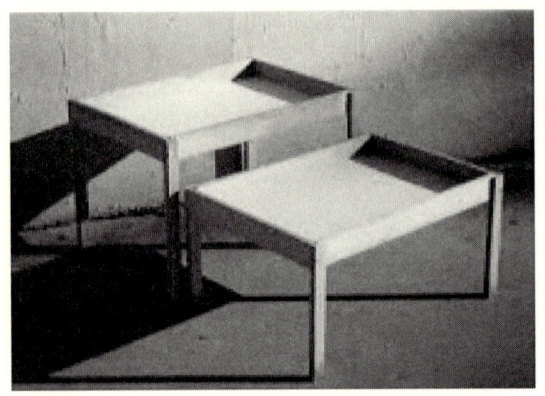

SER PLATO DE SEGUNDA MESA

¡Mira que hay hombres en el mundo! No creo que todos tengan pareja...

Hay alguien para tí. ¡No aspires a ser tan solo plato de segunda mesa!

TO PLAY SECOND FIDDLE

There sure are men in the world! I don't think all of them have a couple...

There's someone for you. Don't aspire to just play second fiddle!

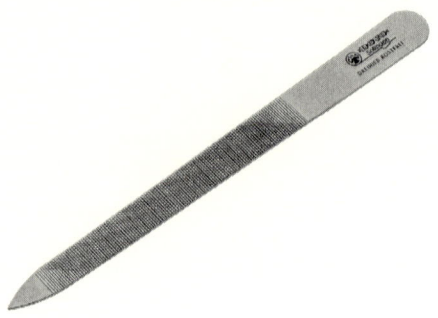

LIMAR ASPEREZAS

A lo largo de mi vida he aprendido que no se llega a ninguna parte con enemigos en el mundo.

Sí es verdad que no siempre nos llevamos bien con todo el mundo. Pero con las personas más cercanas debemos intentar estar en paz y, si hay que, limar asperezas para ello.

TO MEND FENCES

During my life I have learned that nothing comes from having enemies in the world.

It is true that we don't always get along with everyone. But with the people that are nearest us we must try to be in peace and, if we must, mend fences.

COMO QUE HAY DIOS

En relación con la vida y salud de mis hijos, ¡como que hay Dios, que siempre daré la mía por la suya!

IT'S DOLLARS TO DOUGHNUTS

Concerning my children's life and health, it's dollars
to doughnuts that I'll always give mine for theirs!

COMO ALMA QUE LLEVA EL DIABLO

Hace tiempo ya que no me gusta ir a discotecas ni aglomeraciones de gente. Y en las circunstancias actuales, mucho menos.

De hecho, si voy a ir a un sitio y veo que está lleno, salgo de allí como alma que lleva el Diablo.

LIKE A BAT OUT OF HELL

It's been some time now that I don't like going to discos nor masses of people. And in the actual circumstances, much less.

As a matter of fact, if I'm going somewhere and I see it's full, I get out of there like a bat out of Hell.

CIEGO COMO UN TOPO

Vi una vez a unos niños que estaban jugando con un balón en el parque. Todos tocaban la pelota menos uno. Al principio pensé que es que no quería jugar. Pero, al cabo del rato, le llamó su madre para darle unas galletas. En cuanto llegó a donde estaba ella, en seguida le puso sus gafas.

No es que no quisiera jugar; ¡es que el pobre era más ciego que un topo!

BLIND AS A BAT

I once saw some children playing with a ball in the park. They were all touching the ball except one. At first I thought he didn't want to play. But, after a while, his mom called him over to give some cookies. As soon as he got to where she was, she right away put his glasses on him.

It isn't that he didn't want to play; the poor thing was blind as a bat!

PELOTA

Cuando iba al colegio, en cada curso siempre hacía una niña que hacía todo lo que quería la profesora.

"¡Pelota, pelota!", le decíamos.

APPLE POLISHER

When I went to school, in each class there was always a girl that would do everything the teacher wanted.

"Apple polisher, apple polisher!", we would call her.

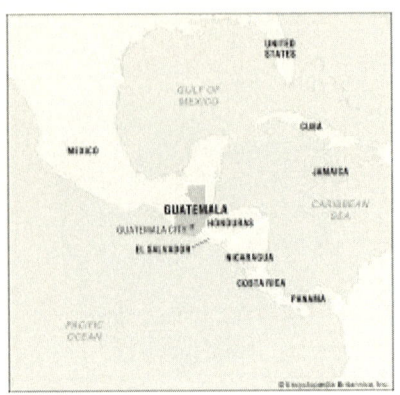

DE GUATEMALA A "GUATEPEOR"

Pasó varios años trabajando en el bar en el que había entrado por su padre. Le pagaban regular, pero él no se quería ir porque conocía al dueño y no le parecía bien dejarlo.

¡Hasta que se hartó! Y decidió irse a otro bar, donde, supuestamente, le iban a pagar mejor.

¡Ay! ¡Salió de Guatemala para meterse en "Guatepeor"!

OUT OF THE FRYING PAN AND INTO THE FIRE

He spent several years working in the bar he had been accepted because of his father. He was paid only so-so, but he didn't want to leave because he knew the owner and he didn't think it right to leave him.

Until he got tired of it! And decided to go to another bar, where, supposedly, he was paid better.

Oh! He got out of the frying pan and into the fire!

EL QUE NO LLORA NO MAMA

Se pasó años pidiéndole un gato. Por fin, cuando cumplió cincuenta años, se lo regaló.

¡El que no llora no mama!

THE SQUEAKY WHEEL GETS THE GREASE

She spent years asking him for a cat. Finally, when she turned fifty, he gave her one.

The squeaky wheel gets the grease!

LAS APARIENCIAS ENGAÑAN

Paseando el otro día por la calle, quedé detrás de una preciosa niña rubia que parecía un ángel.

Pero, ¡ay! De pronto, vino un terrible olor, que me echó para atrás. ¡¿Cómo podía tal angelito expulsar eso de su cuerpo?!

¡Las apariencias engañan!

STILL WATERS RUN DEEP

Walking along the street the other day, I fell behind a beautiful blonde girl that looked like an angel.

But, oh! Suddenly, a terrible smell came my way, that threw me back. How could such a little angel expel that from her body?!

Still waters run deep!

MORDER EL POLVO

Nos peleamos y en ese momento ninguna de las dos veía nada claro.

Pero pasaron los días y me dí cuenta que realmente su manera de hacer la paella era la correcta.

¡Mordí el polvo y le pedí perdón!

TO EAT HUMBLE PIE

We had a fight and in that moment neither of us could see clearly.

But days went by and I realized that her way of making paella really was the right way.

I ate humble pie and said I was sorry!

CASO PERDIDO

Intentaron llevarle al médico más de una vez, y por fin lo consiguieron.

Pero, tras la primera visita, el médico llamó a su madre y le dijo: "Señora, no lo traiga más: ¡es un caso perdido!"

BASKET CASE

They tried to take him to the doctor more than once, and they finally did.

But, after the first visit, the doctor called his mother and said to her: "Madam, don't bring him in anymore: he's a basket case!"

QUIEN ESPERA, DESESPERA

No sabía nada de él desde hacía años. Sabía que se había divorciado y que tenía una hija, ya adulta.

Pero últimamente apareció en las redes sociales: todo palabras de Amor y Desesperación. Evidentemente, se había enamorado de alguien que no era libre.

En los últimos días, ya sus palabras eran de Soledad y de no querer saber nada.

Se había cansado. El que espera, desespera.

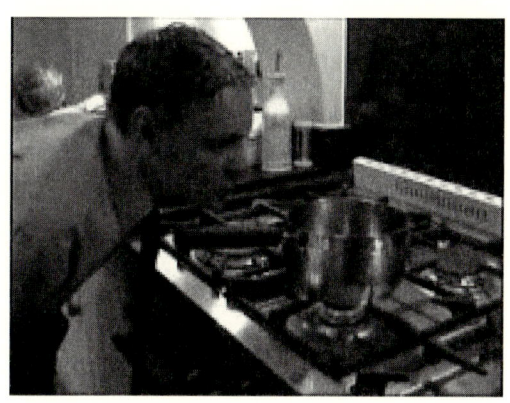

A WATCHED POT NEVER BOILS

I hadn't heard from him for years. I knew he had divorced and that he had a daughter, adult now.

But lately he had shown up on social networks: it was all Love and Despair. Evidently, he had fallen in love with someone who wasn't free.

The last few days, his words were already of Solitude and not wanting to know.

He had gotten tired. A watched pot never boils.

¡PARA EL CARRO!

Estábamos estudiando juntos cuando me dijo que no entendía cómo se hacía una cosa. Empecé a explicarle y a ponerle ejemplo tras ejemplo.

Pero tuve que parar un poco porque llegó un momento en que le vi la cara de: "¡para el carro, que me estás diciendo demasiado!"

HOLD YOUR HORSES!

We were studying together when he told me that he didn't understand how something was done. I started explaining and giving him one example after another.

But I had to stop a bit because there was a moment when I saw his face saying: "hold your horses, you're telling me too much!"

MÁS VALE PÁJARO EN MANO
QUE CIENTO VOLANDO

Estaba buscando un regalo para mi madre. Estaba ya desesperada, porque no encontraba lo que quería...

¡Hasta que por fin lo vi! El único problema es que era el último que quedaba y necesitaba dos. La chica de la tienda me dijo que me lo encargaba y que, cuando llegara, ya me llevaba los dos.

Le dije que me lo encargara, pero me llevaba ese, porque ¡más vale pájaro en mano que ciento volando!

A BIRD IN THE HAND IS WORTH
TWO IN THE BUSH

I was looking for a present for my mother. I was getting desperate, because I couldn't find what I wanted...

Until I finally saw it! The only problem was that it was the last one and I needed two. The shop assistant told me that she would order it and that, when it came, I could take both.

I told her to order it, but that I would take that one, because a bird in the hand is worth two in the bush!

A BUEN HAMBRE NO HAY PAN DURO

Llegué por la tarde a casa después de un largo día de actividades. Como una de ellas había sido jugar un partido de tenis, llegué a casa muerta de hambre.

Me había hecho la ilusión de hacerme un buen plato de espagueti con tomate... Pero no había de nada: abrí la nevera y vi que solo había un huevo. Y solo había una patata.

Me tendría que hacer una mini tortilla de patatas.

¡A buen hambre no hay pan duro!

BEGGARS CAN'T BE CHOOSERS

I got home in the evening after a long day full of activities. Since one of them had been playing a tennis match, I was starved when I got home.

I had gotten my hopes up to cooking a nice plate of spaghetti in tomato sauce... But there was nothing: I opened the fridge and there was only one egg. And there was only one potato.

I would have to make myself a mini potato omelette.

Beggars can't be choosers!

ANDARSE POR LAS RAMAS

Me acuerdo mucho de mi abuela cuando tengo que decirle algo a alguien, ya sea bueno o malo.

Ella empezaba a adornar la historia de tal manera que siempre tenías que decirle: "¡Venga, no te andes por las ramas y cuéntamelo ya!"

TO BEAT AROUND THE BUSH

I remember my grandmother a lot when I have to tell someone something, good or bad.

She would start to adorn the story in a way that you would always have to say: "Come on, don't beat around the bush and tell me already!"

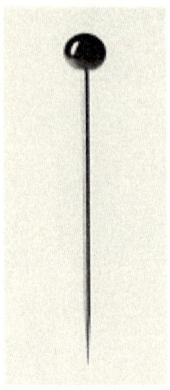

NO CABER UN ALFILER

Cuando era más joven me gustaba ir a las discotecas y bailar. Pero siempre iba a la misma porque no había mucha gente y podía bailar tranquila en la pista.

¡En las otras no cabía un alfiler!

THERE ISN'T ROOM TO SWING A CAT

When I was younger I liked to go to discoteques and dance. But I would always go to the same one because there weren't many people and I could dance calmly on the dance floor.

In the other ones there wasn't room to swing a cat!

VIVIR COMO UN RAJÁ

Mi hijo siempre ha tenido claro lo que quiere hacer: ¡quiere trabajar en un banco para poder vivir como un rajá!

TO LIVE HIGH ON THE HOG

My son has always been very clear on what he wants to do: he wants to work in a bank and be able to live high on the hog!

CALVO COMO UNA BOLA DE BILLAR

¡Qué situación tan graciosa!

Había ido a un concierto de una banda de rock mítica, donde todos, espectadores y componentes de la banda, tenían el pelo largo cuando eran más jóvenes.

¡Ahí estaban! ¡Todos calvos como bolas de billar!

AS BALD AS AN EGG

What a funny situation!

I had gone to a mythical rock band concert, where everyone, spectators and band components, had long hair when they were younger.

There they were! All as bald as eggs!

HABER GATO ENCERRADO

El otro día iba de compras y vi unos pijamas rebaja-
dos - estaban al 30%. Evidentemente, no lo dudé un
segundo: ¡voy a renovar mis pijamas por 10 euros!

Llegué a casa y los lavé lo primero (siempre lavo
la ropa nueva: no se sabe por qué manos ha pasado...).

Cuando saqué los pijamas de la lavadora para
tenderlos, encontré que estaban todo deshilachados...
¡Qué decepción! No podían ser buenos a esos precios.
¡Debía haber visto que había gato encerrado!

TO SMELL SOMETHING FISHY

The other day I was shopping and I saw some pyjamas on sale - they were 30% of their price. Evidently, I didn't doubt it for one second: I'm renewing my
pyjamas for 10 euros!

I got home and washed them first thing (I always
wash new clothes: you never know what hands
have touched them...).

When I took the pyjamas out of the washer to
hang them on the clothesline, I found that they were
all ravelled... How deceiving! They couldn't be good
at that price. I should have smelled something fishy!

UNA PIÑA

Me gustan mucho mis vecinos de abajo. Son tres hijos, y los padres. Siempre que están juntos, ahora ya también con sus mujeres, están todo el rato riéndose, contándose cosas de sus nuevas vidas (todos son independientes ya).

¡No cabe duda de que son una piña!

CLOSE-KNIT

I like my downstairs neighbours a lot. There are three sons, and the parents. Every time they are all together, now also with their wives, they are always laughing, telling things about their new lives (they are all independent already).

No doubt they are close-knit!

P

NO TOMAR AL PIE DE LA LETRA

¡Es curioso esto de las estaciones! Hay distintos dichos que dicen que hagas una cosa u otra según el fin o el comienzo de una estación. Por ejemplo: "Si en Septiembre comienza a llover, Otoño es." O, " hasta el cuarenta de Mayo, no te quites el sayo."

Normalmente, aquí, en el Sur de España, no llueve en Septiembre, y en Mayo ya hace calor.

¡Yo creo que no hay que tomar las cosas al pie de la letra!

TO TAKE WITH A GRAIN OF SALT

This thing of the Seasons is funny! There are different sayings that tell you to do one thing or another depending on the end or the beginning of a Season. For example: "If in September it starts to rain, Autumn it is." Or, "N'er cast a clout till May be out."

Normally, here, in the South of Spain, it doesn't rain in September, and in May it's hot already.

I think you have to take things with a grain of salt!

UN FRÍO QUE PELA

Como siempre, llega Octubre y el tiempo nos coge
por sorpresa: ¡no tenemos preparada la ropa de abri-
go que hace falta para este frío que pela!

BRASS MONKEY WEATHER

As usual, come October and the weather catches us by surprise: we haven't got our warm clothes ready for this brass monkey weather!

CON PELOS Y SEÑALES

El otro día me encontré por la escalera a una vecina mía. En mi bloque hay un vecino un poco problemático, y quería saber qué había pasado con él.

Ella es la que sabe todo lo que ocurre en todas partes, así que me contó todo con pelos y señales.

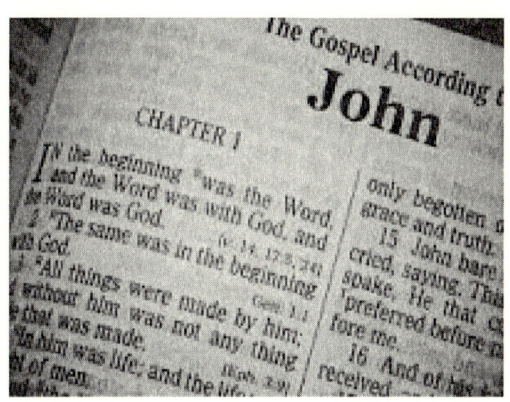

CHAPTER AND VERSE

The other day I met a neighbour of mine on the staircase. In my building there is a neighbour who is a bit problematic, and I wanted to know what had happened with him.

She is the one that knows everything that happens everywhere, so she told me everything chapter and verse.

NO TE LO JUEGUES TODO A UNA CARTA

Como decía mi bisabuelo, hay que tener carrera, oficio y arte. Así, si te falla una cosa, siempre tienes otra a donde recurrir.

¡No hay que jugárselo todo a una carta!

DON'T PUT ALL YOUR EGGS IN ONE BASKET

Like my great-grandfather used to say, you have to have a degree, a trade and an art. This way, if one thing fails, you always have another one to turn to. You mustn't put all your eggs in one basket!

LEER LA CARTILLA

Cuando era chico, un amigo mío siempre estaba jugando y corriendo y no se estaba quieto para nada.

Por supuesto, más de una vez se metía en problemas porque había roto algo.

¡Entonces era cuando su madre le leía la cartilla!

TO READ THE RIOT ACT

When he was little, a friend of mine was always playing and running and he wasn't still at all.

Of course, more than once he would get in trouble because he had broken something.

That was when his mother would read him the riot act!

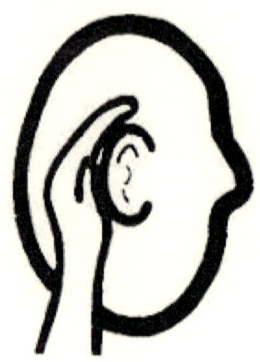

A PALABRAS NECIAS, OÍDOS SORDOS

Recuerdo cuando era chica y los niños en el colegio se metían conmigo, mi padre me decía: "A palabras necias, oídos sordos."

STICKS AND STONES...

I remember when I was little and the kids at school picked on me, my father would say to me: "Sticks and stones may break my bones, but words will never hurt me."

AL LORO

A veces tengo alumnos que cuestionan todo. El por-
qué de una palabra en vez de otra; el uso de algún
tiempo verbal; la pronunciación, incluso.

Pero esos son alumnos buenos porque hacen que
esté siempre al loro.

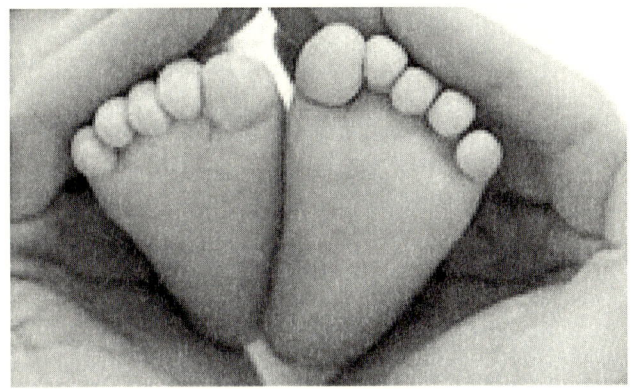

ON ONE'S TOES

I sometimes have students that question everything. Why one word instead of another; the use of a verbal tense; pronunciation, even.

But these are good students because they make me be always on my toes.

AGUA PASADA NO MUEVE MOLINO

Mi madre, de muy joven, tuvo un novio muy guapo. (Eso fue antes de que conociera a mi padre. Porque con mi padre fué un flechazo: se conocieron y se enamoraron.)

Cuando, ya de mayor, le pregunto por ese novio tan guapo (sin desmerecer a mi padre, ¡que lo era más!), ella siempre me dice que no se acuerda de él, que agua pasada no mueve molino.

WATER UNDER THE BRIDGE

My mother, when she was very young, had a very handsome boyfriend. (This was before she met my father. Because it was love at first sight with my father: they met and fell in love.)

When, as an adult, I ask her about this handsome boyfriend (uncomparable to my father, who was much more handsome!), she always answers that she doesn't remember him, that he is water under the bridge.

A LO HECHO, PECHO

Decidí cortarme el pelo, porque estaba harta de tenerlo largo y siempre despeinado o en una cola.

Así que llamé a mi hija y ella me lo cortó. Me lo cortó muy bien, pero,¡me di cuenta de que iba a llevarlo también siempre despeinado!

En fin, no me quejo. ¡A lo hecho, pecho!

IT'S NO GOOD CRYING OVER SPILT MILK

I decided to have my hair cut, because I was tired of it being long and always in a mess or a pony tail.

So I called my daughter and she cut it. She cut it very well, but, I realized I was always going to have it in a mess, too!

Anyway, I'm not complaining. It's no good crying over spilt milk!

ME HA DICHO UN PAJARITO...

- ¡Oye! ¡Enhorabuena!
- ¿Por qué?
- ¿No estás embarazada?
- Sí, pero, ¿cómo lo sabes?
- ¡Ah! ¡Me lo dijo un pajarito!

TO HEAR ON THE GRAPEVINE

- Hey! Congratulations!
- What for?
- Aren't you pregnant?
- Yes, but, how do you know?
-Oh! I heard on the grapevine!

IR AL GRANO

Querían hacer una gran comida para toda la familia, pero no se ponían de acuerdo en nada.

Pasaron los días de discusiones eternas, hasta que el mayor se plantó y dijo:

- Bueno, ¿qué es lo que tenemos? Vamos a coger cada uno un plato y, ¡vamos al grano!

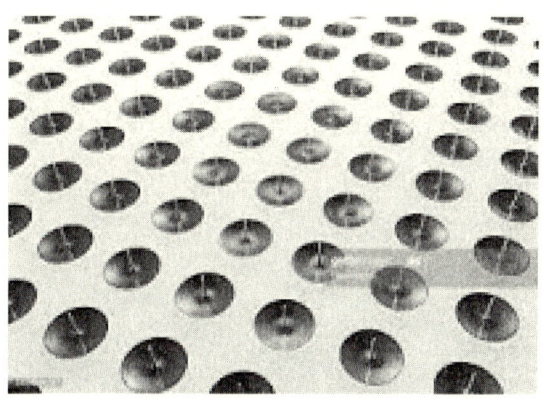

TO GET DOWN TO BRASS TACKS

They wanted to cook a big meal for the whole family, but they couldn't agree on anything.

Days of eternal arguments went by, until the eldest put his foot down and said:

- All right, what do we have? Let's each take a dish and get down to brass tacks!

MORIR CON LAS BOTAS PUESTAS

Pasó toda su vida viviendo bien: comía bien, bebía lo justo, trabajaba poco...

Y hasta el último momento: porque murió mientras celebraba sus bodas de Platino. Sesenta y cinco años casado con la mujer más maravillosa. En el banquete más maravilloso le dió un infarto.

Eso si: ¡murió con las botas puestas!

TO DIE IN HARNESS

He spent his whole life living well: he ate well, he drank just enough, he worked little...

And until the last moment: because he died celebrating his Platinum Wedding Anniversary. Sixty-five years married to the most wonderful woman. In the most wonderful banquet he had a heart attack.

But one thing's for sure: he died in harness!

UNA BOMBA DE RELOJERÍA

Cuando mi hija era pequeña le gustaban muchísimo, como a todos los niños, las chucherías.

Era una bomba de relojería en una tienda de chucherías.

A LOOSE CANNON

When my daughter was little she loved, like all children, candy.

She was a loose cannon in a candy shop.

SORDO COMO UNA TAPIA

Yo soy joven, pero veo como toda mi familia se está quedando sorda.

Unos más que otros. Yo ya me lo noto; pero mi madre, por ejemplo, está sorda como una tapia.

AS DEAF AS A POST

I'm young, but I can see how all my family is going deaf.

Some more than others. I can already feel it in myself; but my mother, for example, is as deaf as a post.

ESTAR COMO UN FLAN

Es increíble como salen los nervios en las personas.

Yo soy nerviosa, y lo manifiesto poniéndome histérica. Pero cuando las cosas son realmente importantes, me quedo callada, pero estoy como un flan.

TO SHAKE LIKE A LEAF

It's incredible how nerves show up in people.

I'm nervous, and I show it getting hysterical. But when things are really important, I'm quiet, but shaking like a leaf.

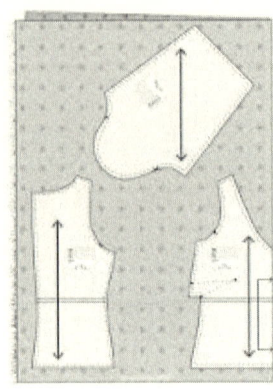

ESTAR CORTADO POR EL MISMO PATRÓN

Justo después de reñir a mi hijo por hacer algo mal, veo a mi vecina por la ventana, muerta de risa.

- ¿Qué te ha pasado? - me pregunta.

Se lo cuento y me dice:

- Hija, ¡están todos cortados por el mismo patrón!

(Ella tiene una hija de dieciocho...)

TO BE TARRED WITH THE SAME BRUSH

Just after telling my son off for doing something wrong, I see my neighbor through the window, laughing her head off.

- What happened? - she asks me.

I tell her and she says:

- Well, they are all tarred with the same brush! (She has an eighteen-year-old daughter...)

TODO UN ARSENAL

Siempre he admirado a los profesores de guardería. Tienen muchísima paciencia para tratar a tanto niño chico con Amor, pero a la vez educándolos.

Y, sobre todo, tienen todo un arsenal de cosas para mantenerlos distraídos: juegos, libros, canciones...

¡Qué bien empezar nuestra vida en tan buenas manos!

A WHOLE RAFT OF

I have always admired kindergarten teachers. They have a lot of patience to deal with so many little children with Love, but educating them at the same time.

And, most of all, they have a whole raft of things to keep them entertained: games, books, songs...

How nice to start our lives in such good hands!

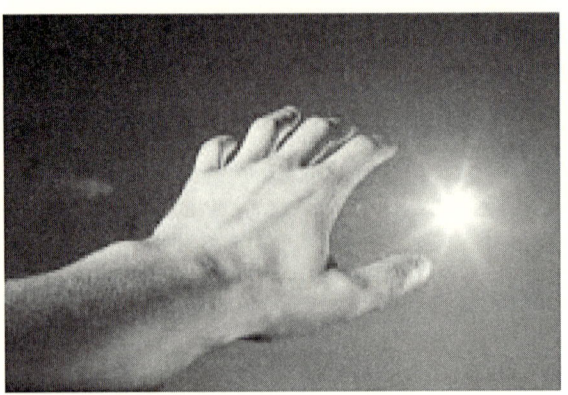

AL ALCANCE DE LA MANO

Nunca supo lo cerca que tenía todo lo que necesitaba.

Sobre todo en el sentido laboral: en su mismo barrio había una tienda que llevaba años buscando una persona de sus características para trabajar.

Incluso le ofrecía mudarse a un piso mejor y más cercano.

¡Lo tenía todo al alcance de la mano!

WITHIN ARM'S REACH

He never knew how close everything he needed was.

Most of all workwise: in his own neighbourhood there was a shop that had been looking for a person with his characteristics to work for years.

He even offered him moving to a better and nearer apartment.

He had everything within arm's reach!

BEBER COMO UN COSACO

Llegó a casa por la noche, supuestamente después de un largo día de trabajo.

Lo primero que le resultó raro a su mujer fue que no se le acercara a darle un beso.

Después, se tiró en el sofá sin cambiarse de ropa. Además, no encendió la televisión.

Encima, no le pidió nada de comer...

¡Qué raro! Vio que se quedaba dormido a los cinco minutos. Se acercó y le olió el aliento: ¡había estado bebiendo como un cosaco!

TO DRINK LIKE A FISH

He got home at night, supposedly after a long day of work.

The first strange thing for his wife was that he didn't go and give her a kiss.

Afterwards, he plopped on the couch without changing his clothes. And he didn't turn the television on.

On top of it all, he didn't ask her for anything to eat...

How strange! She saw that he fell asleep five minutes later. She got near and smelled his breath: he had been drinking like a fish!

DELGADO COMO UN FIDEO

Cuando mi hijo era pequeño, hasta los diez o doce años, estaba gordo.

Después, empezó a jugar al pádel y a cuidarse, y se quedó delgado como un fideo.

THIN AS A RAKE

When my son was little, until he was ten or twelve, he was fat.

Later, he started playing paddle and taking care of himself, and got thin as a rake.

BONITO COMO UN SOL

El otro día estaba viendo un programa de cocina donde el cocinero hacía un plato que era ¡bonito como un sol!

PRETTY AS A PICTURE

The other day I was watching a cooking show where the cook plated food as pretty as a picture!

ÍNDICE